Heraldisch-Genealogische Gesllschaft Adler

Festschrift zur 25-jährigen Gründungsfeier der K.K. Heraldischen Gesellschaft Adler in Wien

1870-1895

Heraldisch-Genealogische Gesllschaft Adler

Festschrift zur 25-jährigen Gründungsfeier der K.K. Heraldischen Gesellschaft Adler in Wien
1870-1895

ISBN/EAN: 9783743694842

Hergestellt in Europa, USA, Kanada, Australien, Japan

Cover: Foto ©ninafisch / pixelio.de

Weitere Bücher finden Sie auf **www.hansebooks.com**

FESTSCHRIFT

ZUR

FÜNFUNDZWANZIGJÄHRIGEN GRÜNDUNGSFEIER

DER

K. K. HERALDISCHEN GESELLSCHAFT

„ADLER"

IN WIEN

1870—1895.

Seine kaiserliche und königliche Hoheit

Ludwig Josef Anton Victor

kaiserlicher Prinz und Erzherzog von Österreich, königlicher Prinz von Ungarn und Böhmen

als er als

Ritter des Ordens vom goldenen Vliesse

geboren zu Wien am 15. Mai 1842

übernahm mit Höchster Entschliessung vom 15 Februar 1871

das

Protectorat

über den

heraldisch-genealogischen Verein

„ADLER"

(constituirt in der ersten Hauptversammlung vom 20 Februar 1871)

Seine Durchlaucht

Johann II.

regierender Fürst und Regierer des Hauses von und zu Liechtenstein

Herzog von Troppau und Jägerndorf, Graf zu Rietberg

Ritter des Ordens vom goldenen Vliesse

geboren zu Eisgrub am 5. October 1840

beigetreten als **Stifter** am 30. Juni 1891

(verlautbart in der Sitzung vom 30. Juli 1891)

Ehren-Präsident

durch Acclamation der

ausserordentlichen General-Versammlung vom 14. März 1894

Inhalt

Seite

[illegible] 1
[illegible]
[illegible]
[illegible]
[illegible]
[illegible]
[illegible]
[illegible]
[illegible] „Adler"
[illegible]
[illegible]
[illegible]
[illegible]
[illegible]
[illegible]
[illegible]
[illegible]
[illegible]
[illegible]

Fünfundzwanzig Jahre.

Ein kurzer Rückblick auf Entstehen und Wirken der Gesellschaft.

Man nennt die neueste Zeit nicht mit Unrecht die Zeit der Vereine und Versammlungen, der Verbände und Verbrüderungen, und doch war man noch vor einem Vierteljahrhundert von der [illegible] Wahlspruches unseres Allergnädigsten Kaisers und Königs Franz Josef I. [illegible] „Viribus unitis" [illegible] und [illegible] entfalten.

Zu diesen Verbindungen gehört auch der am 10. Mai 1870 in Wien gegründete Verein „Adler", der sich die Pflege der historischen Hilfswissenschaften, der Heraldik, Sphragistik und Genealogie zur Aufgabe machte, und [illegible] Entwicklung als den Zweck seiner Bestrebungen erwählte. [illegible] dass auch in Österreich die Heraldik zur Wissenschaft erhoben und so auf den ihr gebührenden Standpunkt gestellt werde [illegible] die Grabsteine und Pergamente, die Siegel und alle anderen Quellen der Heraldik, des Adels- und Ordenswesens zum Gegenstande des Forschens und [illegible] gemacht und in dem Wahlspruche „Mit vereinten Kräften" [illegible] auf diesem Gebiete gearbeitet werden kann.

Über die Gründung des Vereines geben uns die ersten Seiten der Sitzungsprotokolle den besten Aufschluß:

„Der heraldisch-genealogische Verein „Adler" in Wien wurde am 10. Mai 1870 durch die Herren*) Alfred Grenser, Dr. Ernst Hartmann Edlen von Franzenshuld, Friedrich Heyer, Karl Krahl, Friedrich Freiherr Waldbott von Bassenheim, denen sich später noch Ödön Georg Csergheö von Nemes-Tacskánd anschloß, gegründet.

„Dieselben kamen seit diesem Tage an jedem Mittwoch zusammen**), um über die praktische Bildung des heraldischen Vereines sich zu berathen, Statuten zu entwerfen und all die nothwendigen Vorarbeiten, welche ein derartiges Unternehmen erfordert, zu besorgen.

„Die Genehmigung der Statthalterei betreffs Anerkennung des Vereines und der Statuten erfolgte am 22. Juli 1870, [illegible] Z. 21.209.

„Die Gründer behielten sich die Leitung des Vereines für die ersten zwei Jahre vor. Die erste Ausschusssitzung fand am 26. August 1870 statt."

Es wurde nun mit der Anwerbung von Mitgliedern begonnen, von denen die ersten ihre Beitrittserklärung am 26. August 1870 unterschrieben. Bis Ende 1870 war ihre Zahl schon auf 69 angewachsen. Ehrenmitglieder waren bis dahin 8 ernannt worden.

Inzwischen war ein Aufnahmsdiplom hergestellt und der Druck der heraldischen Zeitschrift eingeleitet worden, so dass der Ausschuss mit seiner Aufforderung vom 16. November 1870, die er an die Spitze der ersten Nummer der heraldisch-genealogischen Zeitschrift im Jänner 1871 stellte, sich an alle Kreise, die dem neuen Vereine ein Interesse entgegenbrachten, mit der Bitte wenden konnte, den Bestrebungen für den Aufbau gleichsam eines Adelsarchives zu helfen, und es dankbar anzuerkennen versprach, wenn ihn durch lebhafte Unterstützung die berufenen Kreise in die Lage setzen würden, der Wissenschaft fortdauernd neues und interessantes Material zuführen zu können.

Nachdem schon nach einigen Wochen Hauptmann Friedrich Heyer das Vereinsamt niedergelegt hatte, wurde in der ersten Monatsversammlung vom 9. November 1870 Graf [illegible] Belcredi einstimmig zum Vorsitzenden gewählt, sowie der Ausschuss durch neue Mitglieder verstärkt. Dies war nothwendig geworden, weil Hartmann von Franzenshuld auch vor Erscheinen der ersten Nummer auf die Redaction resignierte. An seine Stelle trat Eduard Gaston Freiherr von Pettenegg als Leiter der Zeitschrift und dann des Jahrbuches, so dass diese Publicationen von Anbeginn bis heute ununterbrochen von ihm redigiert worden sind.

Die vierte Monatsversammlung des Vereines, die am 22. Februar 1871 stattfand, eröffnete der Vorsitzende mit der Mittheilung, dass Se. k. u. k. Hoheit der durchlauchtigste Herr Erzherzog Ludwig Josef Anton Victor die Gnade hatte, das Protectorat des Vereines anzunehmen, der Vereinscasse eine Spende von 100 fl. zu widmen und dem Vereine für die Zukunft einen jährlichen Beitrag von 50 fl. zuzusichern.

*) Die Gründer, deren Personalien später in der Statistik aufgeführt sind, wurden hier mit Absicht alphabetisch geordnet.

**) [illegible] in Krahl's und in Csergheö's Wohnung.

In der Ausschusssitzung am 4. October 1871 wurde einem mehrfach geäusserten Wunsche entsprechend beschlossen, dass jene Fachmänner, welche sich verpflichteten, jährlich wenigstens zwei grössere Aufsätze für das Vereinsorgan zu liefern, den Titel „Correspondenten der heraldischen Zeitschrift in Wien" erhalten sollen.

Die Namen der seither ernannten Correspondenten sind in der später folgenden Statistik zu finden.

Der Ausschuss versammelte sich allwöchentlich einmal an Montag-Abenden im Vereinslocale im ersten Stocke des Hauses Nr. 7, [illegible] um 7 Uhr Abends, um über Vereinsangelegenheiten zu berathen und fachwissenschaftliche Fragen zu besprechen.

Zu den in jedem Monate einmal stattfindenden Vereinsversammlungen werden schriftliche Einladungen an die Mitglieder versendet.

In der am 29. November 1871 abgehaltenen Monatsversammlung legte Graf Gustav Geldern seine Stelle als Vorsitzender des Vereines aus Gesundheitsrücksichten nieder und empfing darüber von den Mitgliedern den Ausdruck sowohl des lebhaftesten Bedauerns, als auch des wärmsten Dankes für seine dem Vereine seit dessen Entstehen bisher gewidmete Thätigkeit.

Am 26. Februar 1872 wurde Se. Excellenz Graf Hugo Abensperg-Traun in der Monatsversammlung zum Präsidenten gewählt, übernahm sofort den Vorsitz und schilderte in kurzen Zügen die bisherige Thätigkeit des heraldischen Vereines, der er das vollste Lob zollte, sodann er zugleich den Verein zu weiterer ersprießlicher Wirksamkeit auf der mit anerkennenswertem Erfolge betretenen Bahn aufforderte.

Am 10. Mai 1872, als dem Gründungstage, fand eine Generalversammlung statt, in der die Neuwahl des Ausschusses vorgenommen werden sollte. Der Antrag, die Mitglieder des Ausschusses per Acclamation in denselben wieder zu wählen, wurde mit grossem Beifall aufgenommen und durchgeführt, außerdem wurde der Ausschuss durch die Wahl des Herrn Karl Goedecker Freiherrn von Sellner um ein Mitglied vermehrt.

In der Monatsversammlung vom 22. Jänner 1873 wurde den Vereinsmitgliedern eröffnet, Se. k. u. k. Apostolische Majestät habe mit Allerhöchster Entschließung vom 6. Februar 1873 die von dem „Heraldisch-genealogischen Vereine Adler" herausgegebene Zeitschrift u. zw. deren Jahrgang 1872 allergnädigst entgegenzunehmen und dem Vereinsfonde aus diesem Anlasse den Betrag von 200 fl. huldvollst zu bewilligen geruht.

In der Generalversammlung vom 10. Mai 1873 legte Herr Grenser die Stelle eines Schriftführers des Vereines nieder, wogegen sich Freiherr von Weidbell erbot, dessen Amt provisorisch zu versehen.

Se. k. u. k. Apostolische Majestät Kaiser Franz Josef I. geruhte auch im Jahre 1874 die Publicationen des Vereines allergnädigst entgegenzunehmen und dessen Zwecke durch Allerhöchste Spenden zu fördern, ein Gleiches thaten Ihre k. u. k. Hoheiten der durchlauchtigste Kronprinz Rudolf und von da an bis heute die Herren Erzherzoge Karl Ludwig, später Albrecht und Wilhelm, in jüngster Zeit auch die durchlauchtigste Frau Kronprinzessin-Witwe Stephanie, so dass der heraldische Verein, beziehungsweise die nachherige Gesellschaft, auch den Mitgliedern des Herrscherhauses mannigfache materielle Förderung zu danken hat.

In der Generalversammlung vom 17. December 1873 wurde mit Rücksicht auf mehrere hierfür sprechende Umstände einstimmig beschlossen, die bisher allmonatlich erschienene Zeitschrift aufzulassen und sie dafür in Form geschlossener Jahrbücher herauszugeben, was den Vortheil hatte, dass grössere und illustrationsreiche Arbeiten auf einmal gedruckt werden konnten, um so dem in der vorangegangenen Zeitschrift angesammelten Materiale ein neues hinzuzufügen. Mit diesem hochwichtigen Beschlusse wurde der Thätigkeit des Vereines „Adler" eine ganz besondere Förderung und Bedeutung gegeben, denn das Jahrbuch desselben wird wie bisher auch in aller Zukunft einen [illegible] ehrenvollen Platz in der Literatur der historischen Hilfswissenschaften einnehmen.

Mit Schluss des Jahres 1874 hatte der Verein bereits 280 zahlende Mitglieder.

Kurze Zeit vorher ging das Amt des Vereins-Schatzmeisters in die Hände des Freiherrn Oscar von Sommaruga über und Dr. Ernst Hartmann Ritter von Franzenshuld [illegible] des Vereines trat als Bibliothekar und Archivar wieder in den Vorstand.

Im Jahre 1876 ermiethete der Ausschuss ein entsprechendes und billiges, central gelegenes Local im Deutschen Hause (I. Singerstrasse Nr. 7) und war dadurch in die angenehme Lage versetzt, seine mittlerweile zu ansehnlicher Stärke angewachsene Bibliothek besser und bequemer, als es bis dahin der Fall gewesen, unterzubringen und auch ein für die Berathungen des Ausschusses bestimmtes Zimmer mit Möbeln auszustatten.

Der Bibliothekar begann mit der Aufstellung der Bücherei, die in der kurzen Zeit des Bestehens des Vereines sowohl durch Ankauf, als auch durch Geschenke an Umfang bedeutend zugenommen hatte.

Im Jahre 1877 trat Sommaruga wegen seiner längeren Reise aus dem Vereinsausschusse und Paul Ritter von Koch übernahm an dessen Stelle das Schatzmeisteramt.

Einen der wichtigsten Berathungsgegenstände des Vereinsjahres 1877 bildete die Durchführung der vorgeschlagenen heraldisch-genealogisch-sphragistischen Ausstellung.

Von Karl Krahl, einem der ersten [illegible] Maler des Wappen- und Siegelfaches, eines grossen [illegible] Materials, einem der ersten Gründer des Vereines, ging die ursprüngliche Idee der Ausstellung aus. Nachdem der Ausschuss über diese bedeutende Vereinsangelegenheit der Ausstellung einig geworden war, schritt derselbe sofort zur Einsetzung des Ausstellungs-Comités, das aus einem engeren und einem weiteren, dem sogenannten Hilfscomité, bestehen sollte. Das engere Comité bildete sich naturgemäss aus dem damals fungirenden Ausschusse selbst und es führte in demselben der Präsident, Sr. Excellenz Graf Hugo Abensperg-Traun den Vorsitz.

Das Hilfscomité wurde über Einladung des Ausschusses aus den nachstehend verzeichneten Herren gebildet:

Karl Krahl, k. k. Maler und königl. ungar. Hof-Wappenmaler.
Dr. Jakob Ritter von Falke, damals k. k. Regierungsrath und Vicedirector des k. k. Museums für Kunst und Industrie.

Albert [illegible], damals Official im Archive des k. k. [illegible],
Dr. phil. Albert Ilg, damals Custos an den kunsthistorischen Sammlungen des Allerhöchsten Kaiserhauses,
Dr. Heinrich Kábdebo,
Dr. Josef Karabacek, k. k. Universitäts-Professor,
Vincenz [illegible], [illegible],
Alois König, Landtagsabgeordneter von Niederösterreich,
Wenzeslaus Mayer von [illegible], k. u. k. [illegible],
Paul Ritter von [illegible], damals k. u. k. [illegible]-Adjunct,
Johann Schwerdtner, Graveur, und
Karl Thill, k. u. k. Major a. D., damals Custos der kaiserl. Hof-Waffensammlung des Arsenals.

Im Laufe der Ausstellungsdauer sind aus dem engeren Comité die Freiherren Waldbott und Sommaruga, aus dem Hilfscomité Dr. Kábdebo und der Landtagsabgeordnete König ausgeschieden.

Zur Ausstellung, welche nicht nur in umfassendster Weise die geschichtliche Entwicklung der Wappen-, Geschichts- und Siegelkunde in Europa, sondern auch deren Anwendung auf Kunst und Gewerbe zur Darstellung brachte, waren zahlreiche Anmeldungen aus Österreich, Deutschland, Belgien, Frankreich und Italien eingelaufen. Ob und inwieweit sie das ihr vorgesteckte Ziel erreichte, hat der Erfolg gelehrt, der in der That, ohne Überhebung als glänzend bezeichnet werden darf.

Dank der regen Betheiligung zahlreicher Privatpersonen, Industrieller, Museen, Bibliotheken und anderer Kunstinstitute, welche der Aufforderung des Vereines mit nicht genug anzuerkennender Bereitwilligkeit Folge leisteten, langten über [illegible] Einlaufsnummern [illegible] Gegenstände ein, die ein [illegible] Bild der Geschichte und Entwicklung der historischen Hilfswissenschaften darboten.

Hier sei auch der besonders gnädigen Förderung, welche die Ausstellung durch huldvolle Überlassung von hervorragenden Schätzen aus den kaiserlichen Sammlungen erfahren hatte, mit ehrfurchtsvollstem Danke erwähnt.

Von dem durchlauchtigsten Herrn Protector, Sr. k. u. k. Hoheit Erzherzog Ludwig Victor am [illegible] April 1878 feierlich eröffnet, wurde die Ausstellung durch den Allerhöchsten Besuch Sr. Majestät des Kaisers und aller damals in Wien anwesenden Mitglieder des Herrscherhauses und vieler hoher Persönlichkeiten ausgezeichnet und während ihres nur [illegible] Monate dauernden Bestandes im Ganzen von mehr denn 12000 Personen besucht.

Von den Ausstellern erhielten [illegible] das Ehrendiplom und [illegible] das Anerkennungsdiplom, an [illegible] Aussteller richtete das Comité besondere Dankschreiben.

Zum Andenken der hervorragenden Verdienste, die sich Herr Edmund Graf Zichy um das Zustandekommen der Ausstellung erwarb und in [illegible] Erinnerung der vielen Gefälligkeiten, welche [illegible] in [illegible] Principe [illegible] erwiesen hatte, [illegible] beide Herren gegen nachträgliche Genehmigung der Generalversammlung zu Ehrenmitgliedern des Vereines zu ernennen.

Dem Vereine selbst wurde von Sr. Majestät dem Kaiser in Allergnädigster Würdigung der durch die Ausstellung erworbenen Verdienste die grosse goldene Medaille für Kunst und Wissenschaft verliehen und Sr. Excellenz dem Präsidenten des Vereines der Ausdruck der besonderen Allerhöchsten Anerkennung ausgesprochen.

Bei dieser Gelegenheit sei auch der Arbeit Erwähnung gethan, die der Bibliothekar des Vereines Dr. Ernst Hartmann von Franzenshuld unter dem Titel „Geschichte der Ausstellung" erscheinen ließ, in welcher alle ihre Phasen von der ersten Anregung an bis zum Abschlusse in eingehender und lebendiger Weise geschildert sind.

An Stelle des im Jahre 1879 wegen Übersiedlung nach Ungarn aus dem Ausschusse ausgetretenen Friedrich Freiherrn Waldbott von Bassenheim übernahm der k. u. k. Husaren-Oberstlieutenant a. D. Wenzel Meyer von Forstenwald das Schriftführeramt.

Während das Jahr 1878 durch die Ausstellung für den Verein „Adler" hauptsächlich ein Jahr der Entfaltung nach Außen geworden war, wurde das Jahr 1879 vornehmlich der Thätigkeit nach Innen, der Sammlung der Kräfte nach den schweren Arbeiten gewidmet, welche die Ausstellung dem Vereine verursacht hatte.

Am 10. Mai 1880 war es dem Vereine gegönnt, das zweite Lustrum seines Bestandes zu vollenden und sein zehntes Stiftungsfest in feierlicher Weise zu begehen.

Bei der aus diesem Anlasse abgehaltenen festlichen Versammlung des Ausschusses hielt Bibliothekar Dr. Hartmann von Franzenshuld eine Rückschau auf die zehnjährige Wirksamkeit des Vereines, in welcher er mit Stolz und Genugthuung auf dessen gedeihliche Entwicklung hinweisen konnte.

Ein weiteres besonders beachtenswertes Ereigniss des Jahres 1880 bildete die am 17. November in der 108. Ausschusssitzung des Vereines beschlossene Herausgabe des Monatsblattes.

Es hatte sich nämlich schon lange die Nothwendigkeit herausgestellt, dass außer dem Jahrbuche ein Organ in dem Vereine geschaffen werde, um die Mitglieder von den inneren Vorgängen im Vereine in Kenntniss zu erhalten, eine engere Fühlung zwischen ihnen zu vermitteln und durch kleinere Aufsätze das Studium der vom Vereine gepflegten Wissenschaften anzuregen und zu fördern.

Das Monatsblatt sollte Auszüge aus den Protokollen der Ausschusssitzungen, Mittheilungen des Vereines an seine Mitglieder, familiengeschichtliche Arbeiten, Besprechungen fachliterarischer Erscheinungen, Anfragen u. dgl. bringen.

Die Redaction übernahm Herr Moriz Maria Edler von Weittenhiller.

Im Jahre 1881 fasste der Verein, um das Interesse für Heraldik in kunstgewerblichen Kreisen zu wecken und zu fördern, den Beschluss, zwei Preise für Schüler der Kunstgewerbeschule des k. k. Museums für Kunst und Industrie auszuschreiben, leider konnten diese Preise, da keine preiswürdige Arbeiten eingelaufen waren, nicht verliehen werden.

Zum 600jährigen Jubiläum der Belehnung des Hauses Habsburg mit Oesterreich fand am 27. December 1882 im Festsaale der kaiserlichen Akademie der Wissenschaften unter eine von den vier historischen Vereinen Wiens (dem Vereine für Landeskunde in Niederösterreich, dem Alterthumsvereine, dem heraldisch-genealogischen

Vorträge und der [illegible] Gesellschaft) veranstaltete [illegible], dass er der die oben genannten vier Vorträge eine besondere Festschrift gewidmet [illegible] ausgeben.

Das freudigste Ereigniss des 13. Vereinsjahres, das in den Annalen unserer Verbindung für immer mit goldenen Lettern verzeichnet bleiben und für alle Zeiten ein dauerndes Denkmal unseres Bestandes bilden wird, war die dem heraldischen Vereine durch die Gnade Sr. k. u. k. Apost. Majestät mit Allerhöchster Entschliessung vom 1. März 1882 erfolgte Verleihung des Titels einer k. k. Heraldischen Gesellschaft mit den an diesen Titel geknüpften Rechten.

Wegen dieser Allerhöchsten Auszeichnung mussten die bisherigen Vereinsstatuten geändert werden, bei welchem Anlasse auch einige andere Verbesserungen, die sich im Laufe der Zeit als nothwendig erwiesen hatten, daran vorgenommen wurden.

Die Generalversammlung, in der die neuen Gesellschaftssatzungen genehmigt wurden, fand am 2. April 1882 im Grünen Saale der kaiserlichen Akademie der Wissenschaften statt.

Diese neuen Statuten verliehen den Correspondenten auch das bisher den Ehren- und wirklichen Mitgliedern vorbehalten gewesene Stimmrecht, schufen die Institution der Stifter und schoben zwischen dem Präsidenten und dem [illegible] gewählten Ausschusse den Vice-Präsidenten ein *), welche neue Stelle sachgemäss dem bisherigen stellvertretenden Vorsitzenden und hochverdienten Leiter des Jahrbuches zufiel.

Im Jahre 1884 erlitten die Gesellschaft und die von ihr gepflegten wissenschaftlichen Disciplinen durch das Ableben des Gründers und Vereinsdirectors Dr. Ernst Hartmann Edlen von Franzenshuld einen herben Verlust. Was derselbe der Gesellschaft gewesen, wird in einem von seinem Jugendfreunde Paul Ritter von Raab verfassten Nachruf im Jahrbuche für 1884 ausführlich geschildert.

Das Jahr 1885 wurde durch eine grosse Erwerbung bedeutungsvoll, indem der gesammte handschriftliche Nachlass des deutschen Kunst- und Alterthumsforschers Ralf von Retberg von seiner Witwe hochherzigerweise der Gesellschaft geschenkt wurde. Frau Davida von Retberg wurde durch Ernennung zum Ehrenmitgliede ausgezeichnet und die Schenkung als Retberg-Stiftung den Sammlungen der Gesellschaft einverleibt.

Nachdem sich der Schriftführer Josef Klemme der mühevollen Aufgabe unterzogen hatte, den bedeutendsten unter Retbergs Manuscripten druckfertig herzustellen, wurde endlich im Jahrbuche für 1886 mit der Veröffentlichung der „Geschichte der Deutschen Wappenbilder" begonnen; doch kam dieselbe in diesem Jahrbuche nicht auf einmal zum Abdrucke, da sie, mit zahlreichen Illustrationen versehen, zu umfangreich angelegt war; es fand daher der zweite Theil dieser Aufsehen erregenden Arbeit erst im Jahrbuche von 1887 Aufnahme.

Während die Bibliothek, welche durch mehrfache Schenkungen einen im Zweige der Familiengeschichten seltenen Vollständigkeit zu erreichen begann, [illegible]

*) Da diese in der Statistik folgenden Personalien und die Veränderungen im Vorstande genau angegeben, so dass sie hier nur kurz erwähnt zu werden brauchen.

durch Anlegung eines Zettelkataloges geschah eine zweite sehr zeitraubende Arbeit, nämlich die Ordnung der vielen früher eingesammelten Kunstblätter, dann der Registrierung der etwa 700 Stück umfassenden Sammlung von Holzschnitten und Clichés.

Im Jahre 1887 wurde der Gesellschaft der ehrende Auftrag zutheil, ein Gutachten über den Ausschmückung der Decke des großen Wappensaales im kunsthistorischen Hofmuseum abzugeben. Unter Vorsitz des vom Obersthofmeisteramte entsendeten k. u. k. Hofrathes und Schatzmeisters Karl Ritter von Thill fanden Conferenzen statt, in denen der heraldische Schmuck des Plafonds genau festgestellt wurde. Die Skizzen zu diesem dem großen Wappensaale zur Zierde gereichenden Wappenschmucke wurden von Herrn Ernst Krahl (jetzt k. u. k. Hofwappenmaler) im officiellen Programmentwurfe entworfen und überprüft. Nach diesen ist dann auch der große Wappensaal ausgemalt worden.

In diesem Jahre verdient auch die Thatsache ganz besondere Erwähnung, dass es einem Mitgliede der Gesellschaft, Herrn Anton Peter Ritter Schlechta-Wssehrdsky von Wssehrd, gelang, der Gesellschaft vom Jahre 1888 angefangen 20 neue Mitglieder zuzuführen. Ebenso erwarb auch der Gesellschaftsvorstand bei der Versteigerung des künstlerischen Nachlasses Ernst Hütters das von diesem gesammelte Material zu dem von Moriz von Frauenholz geplanten Erbhuldigungsbuche, dessen Manuscript schon früher durch Ankauf für die Gesellschaft erworben worden war.

Da nun seit 1888 die Zahl der Mitglieder sich in ganz beträchtlicher Weise vermehrt hatte, musste der Vorstand die Auflage seiner Publicationen von 400 auf 450 Exemplare erhöhen.

Der Stand der Mitglieder war am Schlusse des Jahres 1888 wie folgt:

16 Vorstandsmitglieder
6 Ehrenmitglieder
5 Stifter
344 wirkliche Mitglieder und
15 Correspondenten.

Im Tausche der Publicationen standen 30 gelehrte Gesellschaften.

Am 23. Juni 1889 starb der hochverdiente Gönner und Förderer der Gesellschaft, einer der eifrigsten Freunde der heraldischen Wissenschaft, Franz Graf Folliot de Crenneville-Poutet, vormaliger Oberstkämmerer; er stand dem Vereine bei dessen Gründung als Pathe zur Seite und war Ehrenmitglied; wurde tief und innigst betrauert.

Jahrelang schon hatte die Gesellschaft mit ihren immer wachsenden Sammlungen unter dem Mangel passender Unterkunft zu leiden; die sehr hohen Zinse in Wien verboten es ihr, größere, im Mittelpunkte der Stadt gelegene Localitäten aufzunehmen, bis sich endlich die Gelegenheit fand, eine eigene, nur eine Treppe hoch gelegene Wohnung von drei Zimmern und Vorraum im I. Bezirk, Bauernmarkt 4, zu mäßigem Preise zu mieten. Am 1. August 1889 fand die Übersiedlung in das neue Local statt, in welchem ein Zimmer für die Sitzungen, eines für die Bibliothek und das dritte als Sprechzimmer benützt wurde.

Nun waren bedeutende Anschaffungen an Büchergestellen, Schränken für die Siegelsammlung, an großen Anlagekosten nöthig und die Räume mussten mit Gasbeleuchtung versehen werden.

Die Aufstellung der Bibliothek nahm mehr als ein Jahr in Anspruch, da zugleich der Katalog drucktfertig gemacht werden sollte.

Schon nach einigen Monaten war es möglich, die Bücher den Mitgliedern durch die alle Mittwoche abgehaltenen Bibliotheksstunden zugänglich zu machen, und von dieser Zeit an datiert eine neue Ära im inneren Leben der Gesellschaft, indem sich unter den Mitgliedern nicht nur ein Stamm von treuen Bibliotheksbesuchern bildete, sondern auch der gesellige Verkehr untereinander gehoben wurde.

Schon früher (188[illegible]—188[illegible]) war mit einmal monatlich in dem [illegible] stattfindenden geselligen Abenden der Versuch gemacht worden, die Mitglieder einander näher zu bringen, doch konnte dies nicht so gelingen, als es jetzt nunmehr gelang. — Seit 1889 finden sich an jedem Mittwoch die Besucher in dem Lesezimmer zusammen, sowohl um zu studieren, als auch um sich [illegible] zu besprechen; [illegible] in einem [illegible] des Abends [illegible] zusammengekommen sind, und es werden Vielen die angenehmen Stunden, die sie in anregender Gesellschaft dort zugebracht haben, stets in Erinnerung bleiben.

Der von Josef Kleemann verfasste Katalog der Bibliothek wurde endlich im April 1888 ausgegeben und fand in Fachkreisen wegen seiner praktischen Einteilung allgemeine Anerkennung. Die Einteilung des ganzen Kataloges geschah nach Materien und die Anordnung der Buchtitel innerhalb eines Capitels wurde nach einem geographischen Principe durchgeführt, welches die Auffindung eines gewünschten Werkes wesentlich erleichterte.

Inzwischen hatten die Kunstsammlungen durch die Munificenz des Vice-Präsidenten eine ganz bedeutende Bereicherung erfahren. Graf von Pettenegg war in den Besitz einer sehr umfangreichen Siegelsammlung gelangt, die ursprünglich einst von dem trefflichen Sphragistiker Dr. Melly angelegt worden war, und schenkte nunmehr diese unschätzbare Collection sammt dem [illegible] der Gesellschaft. Die Sammlung, welche heute katalogisiert ist und zum Studium freisteht, enthält einige Tausend [illegible] und ist von Kennern als eine der reichsten ihrer Art bezeichnet worden.

Am 8. Februar 1889 versammelten sich über besondere Einladung des Herrn Präsidenten die Mitglieder des Vereines zu einer Trauerkundgebung über das die ganze Monarchie so tief betrübende und erschütternde Ableben Sr. k. u. k. Hoheit des durchlauchtigsten Herrn Erzherzogs Kronprinzen Rudolf, hatte doch die Gesellschaft in dem so unerwartet geschiedenen Prinzen einen ausgezeichneten Gönner, einen ihrer wärmsten Freunde und Förderer verloren.

Die Gesellschaft beging ihre XX. Generalversammlung am 5. Februar 1890 mit ganz besonderer Freude und Befriedigung, weil es ihr vergönnt war, nach so langer Zeit ihren [illegible] der Versammlung [illegible] zu ihrem [illegible] Herrn begrüßen zu können, und es durfte dabei ohne Überhebung auf die lange Reihe von Jahren hingewiesen werden, die er [illegible] und [illegible] Thätigkeit gewidmet hatte.

Im nächsten Jahre fand eine vollständige Erneuerung des Vorstandes statt. Der hochverdiente Redakteur des Monatsblattes, Moriz Maria Edler von Weittenhiller legte die Redaction, die er ganze zehn Jahre geführt hatte, zurück und erklärte, aus Gesundheitsrücksichten auch keine andere Stelle im Ausschusse mehr annehmen zu bleiben, zugleich resignierte auch der Schriftführer, Herr Heinrich von Kadich, den eine ihm verliehene Anstellung von Wien abberief. Da nun zwei wichtige Ämter zu besetzen waren und die Mandate der übrigen Vorstandsmitglieder auch in dem bevorstehenden Jahre 1891 hätten erneuert werden müssen, so wurde beschlossen, die Zusammensetzung des Vorstandes der nächsten Generalversammlung zu überlassen.

Es giengen denn aus der Neuwahl vom 7. Februar 1891 folgende Herren hervor:

Se. Excellenz Hugo Graf von Abensperg-Traun,
Dr. Eduard Gaston Graf von Pettenegg,
Alfred Grenser,
Dr. Albert Ilg,
Johann Ev. V. Kirchberger, Priester der Erzdiöcese Wien,
Josef Ludwig Klemme,
Hugo Gerard Ströhl, Lehrer und Zeichner für das Kunst- und Buchgewerbe, und
Dr. Johann Bapt. Witting, Hof- und Gerichtsadvocat.

Da es jedoch ungewiss war, ob einige in der Versammlung nicht anwesende Herren die auf sie gefallene Wahl annehmen würden, und um die Beschlussfähigkeit des Vorstandes zu sichern, erbat sich der Vorstand von der Generalversammlung die Ermächtigung, diejenigen Herren, welche die nächstgrößte Stimmenanzahl erhalten hatten, und zwar den Rechnungsrevidenten im k. k. obersten Rechnungshofe Richard Schroft und den k. k. Hofsecretär Friedrich Freiherrn von Haan in den Vorstand berufen zu dürfen.

Da Se. Excellenz Herr Graf von Abensperg-Traun das ihm angetragene Mandat nicht wieder annahm, so beschloss der Vorstand, zur Ergänzung Herrn Karl Inama von Sternegg zu cooptieren, und constituierte sich am 17. Februar 1891 folgendermaßen:

Dr. Eduard Gaston Graf von Pettenegg, Präsident, Leiter des Jahrbuches;
Friedrich Freiherr von Haan, Vicepräsident;
Alfred Grenser, Cassier;
Dr. Albert Ilg, kunstwissenschaftlicher Referent;
Karl Inama von Sternegg, Protokollführer;
Johann Ev. Kirchberger, Bibliothekar;
Josef Klemme, Redacteur des Monatsblattes;
Richard Schroft, [illegible];
Hugo Ströhl, Custos der Sammlungen, und
Dr. Johann Baptist Witting, Schriftführer.

Einer der ersten Beschlüsse des neuen Vorstandes war, dem bisherigen Präsidenten Grafen von Abensperg-Traun für seine vieljährige, von Erfolg gekrönte Leitung des Vereines den wärmsten Dank in einem Schreiben auszudrücken und für die nächste Generalversammlung der Gesellschaft den statutenmäßigen Antrag auf Ernennung Sr. Excellenz zum Ehrenmitgliede vorzubereiten.

Sämmtlichen Mitgliedern des früher bestandenen Vorstandes wurden Dank- und Anerkennungsschreiben ausgefertigt, den Herren Moriz Maria von Weittenhiller, der durch 20 Jahre dem Vorstande angehört und das „Monatsblatt" seit dessen Gründung mit Umsicht und Erfolg redigiert hatte, und Paul Ritter von Raab ihr seit dem Jahre 1877 das mühevolle und dornenreiche Amt des [illegible] [illegible] und [illegible] empfingen besondere Anerkennungsdiplome *).

Am 17 April 1890 starb das Vorstandsmitglied Alfred Grenser. In dem verlor die Gesellschaft einen ihrer Gründer und ihr ältestes Vorstandsmitglied, einen trefflichen, durch eine ansehnliche Anzahl von Abhandlungen verdienten Heraldiker und einen lieben [illegible] Collegen *).

Am 1 December 1891 wurde auch Karl Krahl, gleichfalls ein Gründer der Gesellschaft durch den Tod entrissen. Jetzt ist von den Gründern nur noch das Mitglied Friedrich Freiherr von [illegible] übrig, während Hauptmann Friedrich Heyer von Rosenfeld der Gesellschaft schon seit mehr denn [illegible] Jahre ferne steht, und der vierte von den Gründern, [illegible], der übrigens auch schon vor mehreren Jahren ausgetreten ist, erst kürzlich am 6 November 1896 starb.

In der Generalversammlung vom 17 Februar 1892 wurden veränderte neue Statuten genehmigt. Dieselben enthielten mehrfache juristische Verbesserungen und schufen das Institut der Förderer und das der Rechnungsrevisoren. Die bisherige Übung, ein Mitglied des Vorstandes mit der Revision zu betrauen, wurde verlassen, von nun an sollte die Generalversammlung zwei Mitglieder wählen, welche nicht dem Vorstande angehören dürfen und die nöthigen Revisionen selbständig vorzunehmen haben. Die Functionsdauer der Revisoren wurde auf ein Jahr festgesetzt.

Das Gesuch der Gesellschaft, wie gleich anderen wissenschaftlichen Vereinen vom k. k. Ministerium für Cultus und Unterricht eine staatliche Subvention zu erhalten, wurde endlich im Mai 1893 in günstigem Sinne erledigt. Das hohe Ministerium bewilligte eine Subvention von 300 fl. unter der Bedingung, dass jährlich fünf Exemplare des Jahrbuches und zwei des Monatsblattes an bestimmte Studienbibliotheken abgeliefert werden, was denn auch seither geschieht.

Am 6 Mai 1893 verlor die Gesellschaft ein langjähriges Mitglied, den [illegible] Maler [illegible] kaiserl. Rath Josef Maria Kaiser in Linz; er gehörte zu der kleinen Gilde österreichischer Künstler, die sich mit Heraldik befassen. Seine Witwe schenkte den gesammten Nachlass ihres Gatten, soweit er Heraldik betraf, der heraldischen Gesellschaft und empfing hiefür vom Vorstande ein in den wärmsten Ausdrücken abgefasstes Dankschreiben und ein besonderes Anerkennungsdiplom.

In der am 10 Jänner 1894 stattgefundenen XXIV Generalversammlung der Gesellschaft wurde das wirkliche Mitglied Herr Josef Klemme in Anerkennung seiner früheren Leistungen als Vorstandsmitglied, besonders der von ihm vorgenommenen vorzüglichen Aufstellung der Bibliothek und Abfassung des Bibliothekskataloges, sowie auch in Würdigung seiner vielfältigen Verdienste um die Pflege der historischen Hilfswissenschaften zum Ehrenmitgliede der Gesellschaft ernannt.

Im Jahre 1894 beschloss der Vorstand, am ersten Mittwoch in jedem Monate eine Plenarversammlung abzuhalten, in der auch Ausstellungen von kunstgewerb-

---

*) Die Liste der verliehenen Anerkennungsdiplome ist in der weiter unten folgenden Personalchronik zu finden.

*) Siehe [illegible] im Monatsblatte für 1890, ebendort auch ein Nachruf für Karl Krahl.

jedem heraldischen und genealogischen Objecten stattfinden und Vorträge gehalten werden sollen, an der sich [illegible] fast Niemand der Mitglieder betheiligen kann.

Am 14. März 1894 fand unter dem Vorsitze Sr. Excellenz des Herrn Präsidenten Grafen von Pettenegg eine außerordentliche Generalversammlung statt, in welcher Se. Durchlaucht der regierende Fürst Johann II. von und zu Liechtenstein zum Ehrenpräsidenten der k. k. heraldischen Gesellschaft einstimmig gewählt wurde.

Zum Stiftungsfeste des heraldisch-genealogischen Vereines „Herold" in Berlin hatte Se. Excellenz der Herr Präsident die Güte, die Vertretung der Gesellschaft zu übernehmen, welchem sich das Mitglied Herr Ernst Krahl anschloss.

In der Monatsversammlung vom 5. December 1894 berichtete der Herr Präsident über die Festversammlung des Vereines „Herold", zu dessen Ehrenmitglied er ernannt worden war, und Herr Ernst Krahl hielt einen Vortrag über die heraldische Ausstellung, zu der auch die Gesellschaft „Adler" die schönsten ihrer Stammbuchblätter beigestellt hatte.

Schon nach wenigen Wochen trat an den Vorstand des „Adler" ebenfalls die Pflicht heran, für eine würdige Begehung des am 16. Mai 1895 fälligen fünfundzwanzigjährigen Jubiläums vorzusorgen.

Am 2[illegible]. April 1895 fand im Festsaale des Hotels „Erzherzog Karl" ein Festbankett statt, über dessen Verlauf das Monatsblatt Nr. 174 für Juni 1895 ausführlich berichtet. Es entsprach diese intime Feier dem Abschlusse des Vorstandes, der es vorzog, die Mittel, welche zur Veranstaltung von Festsitzungen und einer Ausstellung nothwendig gewesen wären, lieber auf eine [illegible] Ausstattung und eine Vermehrung des Textes des Jahrbuches aufzuwenden.

Da eine ansehnliche Reihe von Arbeiten der Redaction eingeliefert worden war, so konnte dieses Jubiläums-Jahrbuch beinahe den dreifachen Umfang eines gewöhnlichen Jahrbuches erhalten, und mit einer stattlichen Anzahl von schönen Illustrationen versehen werden.

Den geehrten Mitgliedern wurden [illegible], dass ein solcher Band nur mit bedeutenden Geldopfern hergestellt werden konnte. Um nun die Finanzen der Gesellschaft nicht allzusehr zu schwächen, beschloss der Vorstand, dieses Jahrbuch für zwei Jahre 1895 und 1896 zugleich auszugeben. Wenngleich es [illegible] der geehrten Mitglieder es uns lieber wäre, auch für 1896 einen Band fertigzustellen, so muss er sich doch diesen Wunsch versagen und das bevorstehende Jahr zur Sammlung neuer Kräfte benützen.

Um nun für das 1898 erscheinende Jahrbuch Raum zu bieten, wurde die schon früher vorbereitete Statistik erweitert und soll zugleich mit dieser [illegible] Bibliothek und der Personalienstand ein getreues Bild der inneren Thätigkeit der Gesellschaft geben.

So sind wir denn am Ende unseres Rückblickes angelangt und wollen die weiteren Nachweise der nun folgenden Statistik überlassen, deren Zahlen beredt genug sprechen werden. Dort wird ein getreues und übersichtliches Bild über Zuwachs, Stand und Abgang der Mitglieder zu finden sein, es werden die abgehaltenen Versammlungen mit ihren Vorträgen, die Zusammenstellung der Ausschüsse, die [illegible] durch alle 25 Jahre, sowie auch die Liste aller erhaltenen Ehrengaben, Subventionen und Spenden darin übersichtlich vorgeführt.

Über den Stand der Bibliothek und der Sammlungen und die nebenbei sonst geschenkweise einlaufenden wertvollen Geschenke, die der Gesellschaft zukommen, gibt der Bibliothekskatalog Aufschluss, welcher alle Bücher und Broschüren bis April 1900 verzeichnet und dem hoffentlich bald ein Nachtrag folgen wird.

Die Bibliothek umfasst heute weit mehr als 1200 Werke.

Das Besitzthum der Gesellschaft ist mit einem Betrage von 8000 fl. versichert. Hievon entfallen

Auf die Bibliothek	fl. 6000
Auf die Jahrbuchsammlung	„ 1000
Auf die Platten, Holzschnitte und Drucksteine	„ 350
Auf die Sammlung von Kunstblättern und Photographien	„ 150
Auf die Einrichtungsgegenstände der Gesellschaft	„ 500

Der Vorstand hat kein Mittel unversucht gelassen, um den Stand der Mitglieder der Gesellschaft zu heben. Wenn es trotzdem nicht gelang, jene Anzahl von Mitgliedern zu erreichen, welche z. B. der Verein „Herold" in Berlin besitzt, so liegt dies wohl in den ganz anderen socialen Verhältnissen Österreich-Ungarns, in denen auch das materielle Moment als ein ungünstiger Factor mitwirkt; dafür hatte die Gesellschaft das Glück, eine Reihe von Stiftern zu gewinnen, deren Beiträge heute ein für einen Verein ganz ansehnliches Capital von 2600 fl. bilden, dieser Erfolg ist nur dem unermüdlichen Eifer des jetzigen Präsidenten der Gesellschaft, Grafen von Pettenegg zu verdanken, der mit Ehren sich selbst den Anfang der Gesellschaft angewirkt hat.

Se. Excellenz hat aber auch in jeder anderen Richtung für die Förderung und Wohlfahrt der Gesellschaft seine hervorragende Kraft ganz eingesetzt, so dass hier mit hoher Freude und vollster Verehrung unter dem Ausdrucke aufrichtigen Dankgefühles seiner Wirksamkeit als Präsident der Gesellschaft gedacht werden muss.

Als die k. k. Heraldische Gesellschaft „Adler" am 10. Nov. 1895 das Fest ihrer 25jährigen Dauer beging, besass sie

1 Protector
1 Ehrenpräsidenten
1 Präsidenten
2 Vicepräsidenten,
8 Vorstands- oder Ausschussmitglieder
6 Ehrenmitglieder,
14 Stifter
347 Mitglieder
14 Correspondenten,

und war mit 62 Gesellschaften, Vereinen und Redactionen in Tauschverkehr.

Dieser Bericht, welcher lediglich die Hauptmomente aus der Geschichte der Entwicklung der k. k. heraldischen Gesellschaft „Adler" hervorheben sollte, soll nicht schliessen, ohne vorerst in tiefster Dankbarkeit der unvergesslichen Gnade und wahrhaft fürstlichen Munificenz zu gedenken, die unser Allergnädigster Kaiser und König dieser Gesellschaft zu unterschiedenen Malen zuwandte.

Innigster Dank gebührt auch Ihren k. u. k. Hoheiten den durchlauchtigsten Mitgliedern des Allerhöchsten Kaiserhauses, sowie allen jenen, deren Grossmuth der Gesellschaft ausserhalb der Jahresbeiträge noch namhafte Spenden überwies.

auch mir an dieser Stelle des Herrn k. k. Hofbuchhändlers Wilhelm Ritter von Braumüller, der durch Übernahme großer Partien der Vereinspublikationen die Interessen der Gesellschaft gefördert hat, und aller jener Mitarbeiter der Blätter und Bücher des Vereines dankbar gedacht, die ihr Wissen, ihre Zeit und Kraft den Zwecken der k. k. heraldischen Gesellschaft „Adler“ in selbstloser Weise gewidmet haben.

So sei es denn gestattet, an diesen Rückblick auch eine Vorahnung zu knüpfen und die sichere Erwartung auszusprechen, die Gesellschaft möge in weiteren fünfundzwanzig Jahren mit derselben, wenn nicht mit einer größeren Befriedigung auf ihr Wirken hinweisen können, wie sie es eben heute, reich an Ehren und Anerkennung, mit Recht thun darf, denn die vergangenen Jahre mit ihren Erfolgen geben die beste Garantie für ein ersprießliches Streben in der Zukunft.

Richard Schroft,
k. k. [illegible]

Die Gründer des Vereines.

10. Mai 1870.

(Alphabetisch geordnet.)

Grenser Alfred, geb. zu Leipzig 16 November 1838, Protokollführer bis 22 November 1871, Schatzmeister von Beginn bis 11 März 1874, Rechnungsrevisor vom 11 März 1874 bis 14 November 1880, Archivar seit 11. April 1880, † zu Wien 13 April 1891 als Correspondent der Hof- und Universitätsbuchhandlung W. Braumüller & Sohn.

Hartmann Edler von Franzenshuld Ernst, Dr. phil., geb. zu Wien 7 September 1840, Redacteur und Sprecher, resignirt und trat aus dem Ausschusse 7 November 1870, wieder in den Ausschuss gewählt in der Generalversammlung vom 4. März 1874, Bibliothekar und Archivar, resignirt auf die Stelle eines Archivars 8. October 1882. † zu Wien am 26 Mai 1884 als Custos des k. u. k. Münz- und Antikencabinets.

Meyer (seit 1872 Meyer von Rosenfeld) Friedrich, geb. zu Gießen 13 April 1838, Vorsitzender, resignirt als solcher 4. November 1870, verzichtet auf sein Mandat und trat aus dem Vereine 4. März 1874. Lebt als k. k. Hauptmann a. D. in Wien.

Krahl Karl, geb. zu Dresden 5 Mai 1819, Bibliothekar bis 10 Mai 1872, Ausschussmitglied bis zur Neuwahl vom 4 März 1874, seither wirkliches Mitglied. † zu Wien 1 December 1891 als k. u. k. Hof- und kön. ung. Wappenmaler.

Waldbott von Bassenheim zu Bornheim Friedrich Freiherr, geb. zu Recklinghausen in Westphalen 1 September 1842, Schriftführer und stellvertretender Vorsitzender, resignirt 28 Jänner 1872, seither wirkliches Mitglied. Lebt als k. k. Kämmerer und Rittmeister a. D. zu Tolcsva in Ungarn.

Csergheő von Némes Tacskand Géza, geb. zu Heiligenkreuz bei Wien 29 Juli 1840, Rechnungsrevisor, resignirt 22 November 1871, seither wirkliches Mitglied bis 5 Juni 1876. † zu Budapest 5 November 1896 als kön. ung. Honvédhauptmann.

Die Vorstände

(seit 1869 Präsidenten genannt).

Heyer Friedrich, siehe vorhin unter den Gründern.

Seldern [illegible] Graf von, geb. zu Wien [illegible] Jänner 1819, Mitglied seit 6. November 1870, gewählt 9. December 1870, resignirt 22. November 1871, † zu [illegible] bei Wien 26. April 1880 als k. k. Kämmerer und Major a. D.

Abensperg und Traun Hugo Graf von, geb. zu Wien 20. September [illegible], Mitglied seit 23. Jänner 1871, gewählt 28. Februar 1872, resignirt 4. Februar 1891, zum Ehrenmitgliede ernannt 10. Februar 1891, bestätigt in der Generalversammlung vom 17. Februar 1892.

Heute Ritter k. u. k. Apost. Majestät Oberstjägermeister, geh. Rath, Kämmerer, Ritter des Goldenen Vliesses etc. in Wien.

Pettenegg von Pettenegg Eduard Gaston Graf und Freiherr, Dr. phil., jur. u. et theolog., geb. zu [illegible] bei Laibach 19. Juni 1847, Mitglied seit 30. August 1870, in den Ausschuss gewählt 9. December 1870, Leiter der Zeitschrift (später des Jahrbuches), Vice-Präsident 11. April 1883, resignirt 4. Februar 1891, wiedergewählt 7. Februar 1891, Präsident seit 10. Februar 1891 [illegible] seit [illegible] Jänner 1887.

Heute k. u. k. wirkl. geh. Rath, Kämmerer, Großcapitular des deutschen Ritterordens, [illegible] des Hoch- und Deutschmeisterthums, [illegible] der [illegible] und [illegible] von [illegible], Apostolischer Protonotar etc. etc.

Die Mitglieder des Ausschusses

(seit 2. April 1883 des Vorstandes).

(Chronologisch geordnet.)

Kielmansegg Erich Graf von, geb. zu Hannover 13. Februar 1847, Mitglied seit 23. October 1870, gewählt 9. November 1870, resignirt 27. November 1871, [illegible] Mitglied bis 30. Jänner 1893.

Heute k. k. geh. Rath, Kämmerer, Statthalter von Niederösterreich.

Pettenegg von Pettenegg Eduard Gaston Graf und Freiherr von, siehe oben.

Weittenhiller Moriz Maria Edler von, geb. zu Döbling bei Wien 6. September 1847, Mitglied seit 30. August 1870, gewählt 27. November 1871, Protokollführer bis 1[illegible]. April 1883, Redacteur des Monatsblattes vom 1. Jänner 1881 bis 10. December 1890 [illegible] 10. December 1890 [illegible] Mitglied [illegible] 15. Februar 1891 [illegible] gewählt [illegible].

Heute Haus-, Hof- und Staatsarchiv [illegible] Rath und [illegible] des deutschen Ritterordens in Wien.

Althaus Camillo Freiherr von, geb. zu Freiburg im Breisgau 1. Jänner 18[illegible], Mitglied seit 19. September 1870, gewählt 23. November 1871 Cassier bis zur Neuwahl vom 4. März 1874, seither wirkliches Mitglied. Lebt als k. u. k. Oberstlieutenant d. R. zu Freiburg im Breisgau.

Baltner Karl Gundacker Freiherr von, geb. zu Wien 15. März 1819, Mitglied seit 14. December 1870, gewählt 10. Mai 1872, Archivar und später Bibliothekar bis zur Neuwahl vom 7. März 1874, seither wirkliches Mitglied bis 25. Jänner 1894. Lebt als k. u. k. Kämmerer zu Harmannsdorf in Niederösterreich.

Hartmann Edler von Franzenshuld Ernst (siehe unter den Gründern).

[illegible] Oscar Freiherr von, Dr. jur., geb. zu Salzburg 26. Juli 1849, Mitglied seit 21. November 1870, gewählt 4. März 1874, Schatzmeister, resignirt 7. November 1877, seither wirkliches Mitglied. † zu Görz 27. Februar 18[illegible] als Administrationsrath der k. k. Forst- und Domänendirection in Görz.

[illegible] Paul Ritter von, geb. zu [illegible] 20. Juni 1841. Mitglied seit 31. August 1870, cooptirt 7. November 1877 als Schatzmeister, bestätigt in der Generalversammlung vom 29. Jänner 1878, resignirt 4. Februar 1891, seither wirkliches Mitglied bis 12. October 1892, erhielt laut Beschluss vom 1[illegible]. Februar 1898 ein Anerkennungsdiplom.

Heute Ober-Rechnungsrath am k. u. k. gemeinsamen Obersten Rechnungshofe in Wien.

Heyer von Rosenfeld Wenzeslaus, geb. zu Josefstadt 20. August 1824, Mitglied seit 3. Jänner 1873, gewählt 31. Jänner 1873, Schriftführer, resignirt in der Generalversammlung vom 2. April 1883, seither wirkliches Mitglied bis 3. Juni 1891. Lebt als k. u. k. [illegible]-Oberstlieutenant a. D. in Wien.

Ilg Albert, Dr. phil., geb. zu Wien 11. October 1847, Mitglied seit 20. Mai 1877, gewählt 7. Februar 1880 kunsthistorischer Referent bis 1. October 1894.

Heute k. u. k. Regierungsrath und Director der II. Gruppe der kunsthistorischen Sammlungen in Wien.

Klemme Josef, geb. zu Innsbruck 24. August 1854, Mitglied seit 23. December 1881, gewählt 2. April 1883 Schriftführer bis 14. November 1888, seither Bibliothekar, resignirt 4. Februar 1890, wiedergewählt 7. Februar 1891 Redacteur 11. Februar 1891 bis 27. Jänner 1892, Conservator der Sammlungen 3. Februar 1892 bis 11. Jänner 1893, resignirt auf sein Verwaltungsmandat 20. December 1893, seither wirkliches Mitglied, in der Generalversammlung vom 10. Jänner 1894 zum Ehrenmitgliede ernannt.

Heute Hof- und Ministerial-Official im k. u. k. Ministerium des kaiserlichen und königlichen Hauses und des Äussern in Wien.

Leidinger Josef, geb. zu Wien 1. November 1841, Mitglied seit 3. November 1870, cooptirt 16. April 1883 als Protokollführer, bestätigt in der Generalversammlung vom 12. März 1884, Bibliothekar 7. October 1884, resignirt 14. November 1888, wieder Protokollführer, resignirt 4. Februar 1891, seither wirkliches Mitglied. Heute Rechnungsrath in Seiner Majestät Obersthofmeisteramt in Wien.

Auer Josef, geb zu Wien a. d. Donau 1[illegible] September 18[illegible], Mitglied seit 4 October 18[illegible], cooptiert 1 October 18[illegible], bestätigt in der Generalversammlung vom 20 Jänner 18[illegible], Protokollführer bis 14 November 18[illegible], danach [illegible] cooptiert 4 Februar 18[illegible], früher [illegible] Mitglied. Lebt als k. u. k. Hofrath und Kunstdirector [illegible] in Wien.

Böheim Wendelin, geb zu Wiener Neustadt 17 September 18[illegible], Mitglied seit 24 März 18[illegible], cooptiert 29 October 18[illegible] als Conservator der Sammlungen, bestätigt in der Generalversammlung vom 20 Jänner 18[illegible], cooptiert 21 Jänner 18[illegible], früher wählbares Mitglied.

Heute k. u. k. Custos der Waffensammlung im [illegible] Hofmuseum in Wien.

Kodsch Edler von Pferd Heinrich, Dr. jur., geb zu Brünn 5 Juni 18[illegible], Mitglied seit 20 April 18[illegible], gewählt 20 Jänner 18[illegible], Schriftführer, cooptiert 27 December 18[illegible], früher [illegible] Mitglied.

Heute Administrations-Conceptist der k. k. Forst- und Domänen-Direction in Innsbruck.

Kirchberger Johann Ev. F., geb zu Wien 1 December 18[illegible], Mitglied seit 19 October 18[illegible], gewählt 7 Februar 18[illegible], Bibliothekar.

Heute Caplan an der Propstei-Pfarrkirche zum göttlichen Heiland in Wien.

Ströhl Hugo Gerard, geb zu Wels 24 September 18[illegible], Mitglied seit 7 Juli 18[illegible], gewählt 7 Februar 18[illegible], Conservator der Sammlungen, cooptiert 1 Jänner 18[illegible], früher wählbares Mitglied. Lebt als Fachlehrer und heraldischer Zeichner in Wien.

Weltang Johann Baptist, Dr. jur., geb zu Wien 22 December 18[illegible], Mitglied seit 5 November 18[illegible], gewählt 7 Februar 18[illegible], Schriftführer, und seit 27 Jänner 18[illegible] auch Redacteur des Monatsblattes.

Heute Hof- und Gerichtsadvocat in Wien.

Schroft Richard, geb zu [illegible] 2[illegible] April 18[illegible], Mitglied seit 2 Februar 18[illegible], cooptiert in der Generalversammlung vom 7 Februar 18[illegible], Schatzmeister.

Heute Rechnungsrath am k. k. Obersten Rechnungshofe in Wien.

Haan Friedrich Freiherr von, geb zu Wien 24 Februar 18[illegible], Mitglied seit 27 Februar 18[illegible], cooptiert in der Generalversammlung vom 7 Februar 18[illegible], Vice-Präsident.

Heute Rathssecretär am k. k. Landesgerichte in Civilsachen in Wien.

Inama von Sternegg Karl, geb zu [illegible] in Tirol 30 October 18[illegible], Mitglied seit 20 Jänner 18[illegible], cooptiert 13 Februar 18[illegible], bestätigt in der Generalversammlung vom 17 Februar 18[illegible], Protokollführer, resigniert wegen Übersiedlung 27 October 18[illegible], wieder cooptiert 24 October 18[illegible], Conservator der Sammlungen.

Heute Lieutenant i. d. Reserve des k. u. k. [illegible] Tiroler Jäger-Regiments.

Bauer Josef Ritter von, Dr. jur., geb zu Wien 12 Jänner 18[illegible], Mitglied seit 20 December 18[illegible], cooptiert 4 Februar 18[illegible], bestätigt in der Generalversammlung vom 17 Februar 18[illegible], Revisor, Archivar seit 24 Februar 18[illegible], Protokollführer seit 27 October 18[illegible].

Heute Finanzrath bei der k. k. Finanz-Landesdirection in Wien.

W[illegible] Ludwig, Dr. phil., geb. zu [illegible] 6. Jänner 1851, Mitglied seit 20. November 1882, cooptiert 11. Jänner 1889, bestätigt in der Generalversammlung vom 25. Jänner 1889, Conservator der Sammlungen [illegible] 7. November 1889, ausserordentliches Mitglied bis 6. Februar 1893.

Heute Archivs-Concipist im k. k. Finanzministerium.

Anthony von Siegenfeld Alfred Ritter, geb. zu Graz 28. Juni 1854, Mitglied seit 14. Februar 1877, gewählt 20. Jänner 1894, Archivar.

Heute k. u. k. ungar. Honvéd-Rittmeister i. d. R. und Archivs-Concipist im k. u. k. Haus-, Hof- und Staatsarchive in Wien.

Rechnungsrevisoren

auf Grund der neuen Statuten vom 17. Februar 1893.

Gewählt in der Generalversammlung vom 25. Jänner 1893

Weittenhiller Moriz Maria Edler von (siehe oben)
Anthony von Siegenfeld Alfred Ritter (siehe oben)

Gewählt in der Generalversammlung vom 10. Jänner 1894

Weittenhiller Moriz Maria Edler von
Hecht Julius, Dr. jur., Hof- und Gerichts-Advocat in Wien.
(Beide Herren wurden in der Generalversammlung vom 6. Februar 1895 auf ein weiteres Jahr gewählt.)

Ehrenmitglieder.

Ausschusssitzung vom 14. September 1870

Mayer von Mayerfels Karl Ritter und Edler, Dr. phil., geb. zu München 29. November 1820, † zu München am 9. Februar 1883 als kön. bayer. Kämmerer und Landwehr-Oberst a. D.

Hefner von Alteneck Jacob Heinrich, Dr. phil., geb. zu Aschaffenburg 20. Mai 1811. Lebt als Vorstand a. D. des kön. bayer. Nationalmuseums in München.

Hohenlohe-Waldenburg Friedrich Karl Fürst zu, geb. zu Stuttgart 5. Mai 1814, † auf Kupferzell 26. December 1884 als Dr. phil. hon. c., Standesherr und Erbreichsmarschall von Württemberg, kais. russischer General-Lieutenant und General-Adjutant a. D.

Linstow Hugo Freiherr von, geb. zu Brieg an der Oder 3. April 1831. Lebt als kön. preussischer Hauptmann a. D. in Berlin.

Folliot de Crenneville-Poutet Franz Graf, geb. zu Ödenburg 22. März 1815, Mitglied seit 26. August 1870, † zu Gmunden 22. Juni 1888 als k. u. k. geh. Rath, Kämmerer, Feldzeugmeister, Oberstkämmerer a. D. und Ritter vom goldenen Vliese.

Köhne Bernhard Freiherr von, Dr. phil. geb. zu Berlin 1817, † zu Würzburg 17 Februar 1886 als kais. russischer geh. Rath und Chef der Heraldischen Abtheilung des dirigierenden Senats.
[illegible] Johannes Baptist geb. zu Rotterdam 12 Mai 18[illegible] † im Haag 26 December 1884 als kön. niederländ. Staatsbeamter a. D.

Ausschusssitzung vom 23 November 1870.

Bergmann Josef Ritter Dr. phil. etc., geb. zu Hittisau am [illegible] in Vorarlberg am 13 November 1796, Mitglied seit 7 October 1870, † zu Graz 29 Juli 1872 als k. k. Regierungsrath und Director a. D. des Münz- und Antikencabinets.
Sacken Eduard Freiherr von Dr. phil. geb. zu Wien 3 März 1825, Mitglied seit 6 October 1870, † zu [illegible] 20 Februar 1883 als k. k. Regierungsrath und Director der I. Gruppe der kunsthistorischen Sammlungen des Allerh. Kaiserhauses.

Zweite Hauptversammlung vom 22 Februar 1871.

Stillfried und Rattonitz von Alcantara Rudolf Maria Bernhard Graf von Dr. phil. geb. zu Hirschberg 14 August 1804, † auf Silbitz bei Nimptsch 9 August 1882 als kön. preuss. wirkl. geh. Rath, Kammerherr, Ober-Ceremonienmeister etc.

Ausschusssitzung vom 18 Mai 1876, bestätigt durch die Generalversammlung vom 6 März 1877.

Burger [illegible], geb. zu Bern 22 November 179[illegible], Mitglied vom 9 Mai 1871 bis 26 April 1876, † [illegible] 28 Juli 187[illegible] als [illegible]

Ausschusssitzung vom 10 November 1877, bestätigt durch die Generalversammlung vom 29 Jänner 1878.

[illegible] Johann Baptist Ritter von geb. zu Verona 19 März 1802, † zu Pisa 8 März 1887 als Präsident der reale accademia [illegible]

Ausschusssitzung vom 6 November 1878, bestätigt durch die Generalversammlung vom 29 Juli 1879.

Zichy von Zich und Vásonykeö Edmund Graf geb. zu Wien 19 Juli 1811, † zu Wien 23 Jänner 1894 als k. u. k. geh. Rath und Kämmerer.

Vorstandssitzung vom 30 April 188[illegible], bestätigt durch die Generalversammlung vom 5 Februar 188[illegible].

[illegible] Davide von, geb. zu Hannover 25 October 1815 als Tochter des kön. grossbritannisch-hannoverschen Generalmajors und General-Adjutanten Martin, vermählt ebenda 21 April 1840 mit Rolf von [illegible], Erbherrn auf [illegible] (geb. zu London 25 November 1813, von 1873 bis 1874 Vereinsmitglied, † zu München 12 März 18[illegible]), lebt in München.

Vereinsbeschluss vom 18 Februar 1882 bestätigt durch die Generalversammlung vom 17 Februar 1882

Auersperg und Trautson Hugo Graf von (siehe unter den Vorstehern und Präsidenten)

Generalversammlung vom 18 Jänner 1884

Klemme Josef (siehe unter den Vereinsmitgliedern)

Stifter.

Pejácsevich von Veröcze Julius Graf, geb zu [illegible] in Slavonien 25 April 1833, aufgenommen als Stifter 5 November 1879. Lebt als k u k Kämmerer in Wien

Rohan Camille Fürst von, Herzog von Montbazon und Bouillon, Fürst von Guemenée, Rochefort und Montauban, geb zu Brüssel 19 December 1800, Mitglied seit 16 April 1871, aufgenommen als Stifter 12 April 1882, † auf Sichrow 12 September 1892 als Ritter des Goldenen Vliesses etc etc.

Brentano Friedrich Freiherr von, geb zu Triest 14 August 1840, Mitglied vom 25 Februar 1871 bis 1 September 1880, aufgenommen als Stifter 19 October 1882. Lebt zu Gernsheim a Rh

Humbourg Otto Maria Ritter von, geb zu Wien 18 November 1848, Mitglied seit 2 December 1884, aufgenommen als Stifter 29 April 1885. Lebt in Wien

Bachofen von Echt Karl Adolf Ludwig, geb auf Haus [illegible] in Westphalen 19 März 1830, aufgenommen als Stifter 6 Mai 1886. Lebt als Grossindustrieller in Wien

Johann II, regierender Fürst und Regierer des Hauses von und zu Liechtenstein, Herzog zu Troppau und Jägerndorf, Graf zu Rietberg, geb zu Eisgrub 5 October 1840, aufgenommen als Stifter 30 Juni 1891, Ehrenpräsident der Gesellschaft seit 14 März 1894

Bloekhuysen Cornelius Maria Frederik von, geb auf Java 1 November 1834, aufgenommen als Stifter 18 November 1891. Lebt als kön niederl. Staatsbeamter a D in Utrecht

Coudenhove Alexander Freiherr von, geb zu Frankfurt am Main 1 Mai 1841, aufgenommen als Stifter 14 December 1891. Lebt als k u k Kämmerer in Wien

Altmann Franz Alexander, kais Rath und [illegible] i P, geb zu Linz, 4 October 1814, Correspondent der Gesellschaft seit 6 November 1874, † zu Wien 20 Mai 1887, aufgenommen 27 October 1892 als Stifter durch Einzahlung seiner Witwe Frau Julie Altmann, geb [illegible], † 20 April 1893 zu Wien

Miller zu Aichholz August Ritter von, geb zu Wien 17 Juni 1829, Mitglied seit 14 Februar 1859, aufgenommen als Stifter 11 Jänner 1893. Lebt als Grossindustrieller in Wien de Vaux Karl Freiherr, geb. zu Salzburg 20. Juni [illegible], [illegible] am 23. Jänner 1871, aufgenommen als Ritter 2. Mai 1894. [illegible] k. u. k. Geheimer Rath, Kämmerer und Feldmarschall-Lieutenant.

Wilhelm Franz Karl, kaiserlicher Prinz und Erzherzog von Österreich, königlicher Prinz von Ungarn und Böhmen, Hoch- und Deutschmeister, Feldzeugmeister und General-Artillerie-Inspector, geb. zu Wien 21. April 1827, † zu Baden 29. Juli 1894, aufgenommen als Ritter durch Einwilligung Höchstdesselben [illegible] das Würde eines Hoch- und Deutschmeisters 21. November 1894.

Eugen Ferdinand Pius, kaiserlicher Prinz und Erzherzog von Österreich, königlicher Prinz von Ungarn und Böhmen, Hoch- und Deutschmeister, General-Major, Ritter des Ordens vom Goldenen Vließ, geb. zu Groß-Seelowitz 21. Mai [illegible], aufgenommen als Ritter 21. November 1894.

Pettenegg Eduard Gaston Graf und Freiherr von (siehe unter den Priestern der Genossenschaft) aufgenommen als Ritter 16. Jänner [illegible].

Statistik des Ausschusses

[illegible]

Alphabetische Matrikel der k. k. heraldischen Gesellschaft „Adler“.

Vorbemerkungen.

Das nachfolgende [illegible] enthält alle [illegible] der Gesellschaft [illegible] [illegible] [illegible] [illegible] und Correspondenten [illegible] [illegible] wurden.

[illegible] alle Personen, [illegible] Erklärung [illegible] (Nr. 1 [illegible]) [illegible] 26. August 18[illegible] (Nr. [illegible]) [illegible]

[illegible] 1874 [illegible] Tag der ersten [illegible] 1874 [illegible]

[illegible]

[illegible]

[illegible]

№	Eingetreten am	Name des Mitgliedes	Charakter des Mitgliedes	Gestorben am	Ausgetreten am
[illegible]	20 I 18[illegible]	Abensperg und Traun, [illegible] Graf von*)	Geh. Rath, Kämmerer, [illegible]		—
[illegible]	20 I 1870	Abensperg und Traun, Otto Graf von	Kämmerer (Geh. Rath, [illegible])	—	—
[illegible]	27 V 18[illegible]	Abensperg und Traun, [illegible]	Sternkreuz-Ordens- und Palast-Dame	14 VI 18[illegible]	—
[illegible]	24 I 1872	[illegible], August Graf von	Oberleutnant a. D.	—	—
[illegible]	10 IX 18[illegible]	[illegible] Freiherr von*)	Infanterie-Hauptmann ([illegible] a. D.)	—	—
—	Correspondent	[illegible]	[illegible]	20 V 18[illegible]	—
[illegible]	[illegible]	[illegible], Friedrich Ritter von	[illegible] († 16 I 18[illegible])	—	[illegible] XI 18[illegible]
[illegible]	20 X 1873	[illegible] Freiherr von	[illegible]	—	[illegible]
[illegible]	10 II 1870	[illegible] Alfred [illegible]*)	[illegible]	—	—
[illegible]	[illegible]	[illegible] Freiherr von	[illegible]	—	—
[illegible]	[illegible]	[illegible] Graf von	[illegible]	[illegible] VIII 18[illegible]	—
[illegible]	10 XI 18[illegible]	Arneth, Alfred Ritter von	[illegible] (Geh. Rath)	—	—
[illegible]	4 VIII 18[illegible]	[illegible]*)	[illegible]	—	—
[illegible]	12 XII 18[illegible]	Auersperg, [illegible] Graf von	Kämmerer	—	—
[illegible]	10 [illegible]	Auersperg, [illegible]	[illegible]	—	—

Nr.	Eingetreten am	Name | Charakter der Mitglieder		Gestorben am	Ausgetreten am
—	Stifter	[illegible], Karl Adolf	[illegible]	—	
[illegible]	[illegible] IV [illegible]	[illegible] von	[illegible]	—	—
[illegible]	[illegible] X [illegible]	[illegible] von [illegible] Peter	—	—	—
[illegible]	[illegible] XI [illegible]	[illegible] Hugo [illegible] von	[illegible] Hauptmann [illegible]	—	—
[illegible]	[illegible] III [illegible]	[illegible]	[illegible]	—	—
[illegible]	[illegible] XII [illegible]	[illegible] August Freiherr von	[illegible]	—	[illegible] XI [illegible]
[illegible]	[illegible]	[illegible]	Dr. med., [illegible] Arzt	—	[illegible]
[illegible]	[illegible] VII [illegible]	[illegible] Graf	—	—	—
[illegible]	[illegible] XII [illegible]	[illegible] Ritter von [illegible]	[illegible]	—	—
[illegible]	[illegible] XII [illegible]	[illegible]	[illegible]	—	—
[illegible]	[illegible]	[illegible] Freiherr von [illegible]	[illegible]	—	—
[illegible]	[illegible] VII [illegible]	[illegible] Freiherr von	—	—	[illegible] IX 1877
[illegible]	[illegible] III [illegible]	[illegible], Eduard [illegible] der	[illegible]	—	[illegible] V [illegible]
[illegible]	[illegible] II [illegible]	[illegible], Leopold [illegible]	Hauptmann a. D.	—	[illegible] I [illegible]
[illegible]	[illegible] XI [illegible]	[illegible], Georg [illegible] Freiherr von	—	—	[illegible] XII [illegible]
—	Correspond.	[illegible], August	—	—	[illegible] VI [illegible]
[illegible]	[illegible] VI [illegible]	[illegible] Graf von	Kais. deutscher [illegible] (wirkl. Geh. Rath a. D.)	[illegible]	—
[illegible]	[illegible] III [illegible]	[illegible] Graf von	[illegible] Kämmerer	—	—
[illegible]	[illegible] XII [illegible]	[illegible] Karl Freiherr von	—	—	—
[illegible]	[illegible] X [illegible]	[illegible] Ritter von	[illegible] a. D.	[illegible] VIII 1879	—
[illegible]	[illegible] VIII [illegible]	[illegible] Karl Ritter von	[illegible]	—	[illegible] II [illegible]
[illegible]	[illegible] X [illegible]	[illegible] Graf von	—	—	[illegible] III [illegible]
[illegible]	[illegible] VI [illegible]	[illegible] Graf von	[illegible] Oberst a. D.	[illegible] XII [illegible]	—
[illegible]	[illegible] XII [illegible]	[illegible] Ritter von	[illegible] a. D. [illegible] VI [illegible]	—	[illegible] XI [illegible]
[illegible]	[illegible] I [illegible]	[illegible] Ritter von	[illegible] a. D.	—	[illegible] II [illegible]
[illegible]	[illegible] XII [illegible]	[illegible]	Dr. jur., Advocat	[illegible] III [illegible]	—
—	Correspond.	[illegible]	[illegible]	—	[illegible] VI [illegible]
[illegible]	[illegible] IV [illegible]	[illegible] von	[illegible]	—	[illegible] II [illegible]
[illegible]	[illegible] I [illegible]	[illegible] Graf	Wirkl. Geh. Rath, Kämmerer [illegible] († [illegible] IX [illegible])	—	[illegible] IV [illegible]
[illegible]	[illegible] X [illegible]	[illegible] Ritter von	[illegible]	[illegible] V [illegible]	—
[illegible]	[illegible] II [illegible]	[illegible]	—	—	[illegible] XII [illegible]
[illegible]	[illegible] I [illegible]	[illegible] Ritter von	[illegible]	—	[illegible] X [illegible]
[illegible]	[illegible] III [illegible]	[illegible]	[illegible]	—	[illegible] III [illegible]
[illegible]	[illegible] VII [illegible]	[illegible] Conrad	[illegible]	—	—
[illegible]	[illegible] X [illegible]	[illegible] Ludwig Freiherr von	[illegible] a. D.	—	—
[illegible]	[illegible] I [illegible]	[illegible]	[illegible] Major	—	[illegible] III [illegible]
[illegible]	[illegible] XI [illegible]	[illegible] Freiherr von	[illegible]	—	[illegible] VI [illegible]
[illegible]	[illegible] III [illegible]	[illegible]	[illegible] a. D. und Custos der [illegible]	—	—
[illegible]	[illegible] I [illegible]	[illegible] Philipp Ritter von	[illegible] Major	—	—
[illegible]	[illegible] I [illegible]	[illegible] von	Vice Custos [illegible]	—	[illegible] X [illegible]
[illegible]	[illegible] XII [illegible]	[illegible] Ludwig Freiherr von dem	[illegible] Kämmerer	[illegible] V [illegible]	—
[illegible]	[illegible] XII [illegible]	[illegible] Philipp Graf von	[illegible] Major a. D. ([illegible])	—	[illegible] II [illegible]
[illegible]	[illegible] XI [illegible]	[illegible], Georg [illegible] Graf	Kämmerer	—	—
—	Correspond.	[illegible]	Archivar	—	[illegible] I [illegible]
[illegible]	[illegible] II [illegible]	[illegible], Karl [illegible]	Wappenmaler	[illegible] XII [illegible]	—
[illegible]	[illegible] II [illegible]	[illegible], Friedrich Freiherr von	[illegible]	[illegible] XI [illegible]	—
[illegible]	[illegible] IX [illegible]	[illegible]	[illegible]	—	—
[illegible]	[illegible] XII [illegible]	[illegible] Graf	[illegible] Geh. Rath, Kämmerer [illegible]	[illegible] II [illegible]	—

Nr.	[illegible] am	Name	Charakter	Gestorben am	Ausgetreten am
		des Mitgliedes			
[illegible]	[illegible]	[illegible] Graf von	[illegible] a. D.	—	[illegible]
[illegible]	[illegible]	[illegible] Graf von	[illegible]	—	—
[illegible]	[illegible]	[illegible] Graf von	[illegible]	—	—
[illegible]	[illegible]	[illegible]	[illegible]	[illegible]	—
[illegible]	[illegible]	[illegible]	[illegible]	—	—
[illegible]	[illegible]	[illegible]	[illegible]	—	—
[illegible]	[illegible]	[illegible] Friedrich Freiherr [illegible]	—	—	[illegible]
[illegible]	[illegible]	[illegible] Freiherr von	[illegible]	[illegible]	—
[illegible]	[illegible]	[illegible] Graf	[illegible]	[illegible]	—
[illegible]	[illegible]	[illegible]	[illegible]	—	[illegible]
[illegible]	[illegible]	[illegible]	[illegible]	—	—
[illegible]	[illegible]	[illegible] Freiherr von	[illegible] a. D.	[illegible]	—
[illegible]	[illegible]	[illegible] Graf	[illegible]	—	—
[illegible]	[illegible]	[illegible]	[illegible]	—	[illegible]
[illegible]	[illegible]	[illegible] Graf	[illegible] a. D.	—	[illegible]
[illegible]	[illegible]	[illegible] Graf von	[illegible]	—	—
[illegible]	[illegible]	[illegible]	[illegible]	—	[illegible]
[illegible]	[illegible]	[illegible]	[illegible]	[illegible]	[illegible]
[illegible]	[illegible]	[illegible] Freiherr	[illegible]	—	—
[illegible]	[illegible]	[illegible] Freiherr von dem	—	[illegible]	—
[illegible]	[illegible]	[illegible] (Freiherr) von	—	—	[illegible]
[illegible]	[illegible]	[illegible]	[illegible]	—	—
[illegible]	[illegible]	[illegible] Freiherr von	[illegible]	—	[illegible]
[illegible]	[illegible]	[illegible]	[illegible]	—	—
[illegible]	[illegible]	[illegible]	[illegible]	[illegible]	—
[illegible]	[illegible]	[illegible]	[illegible]	—	—
[illegible]	[illegible]	[illegible] Graf	[illegible]	—	[illegible]
[illegible]	[illegible]	[illegible] Graf	[illegible]	—	[illegible]
[illegible]	[illegible]	[illegible] Graf	[illegible] a. D. [illegible]	—	[illegible]
[illegible]	[illegible]	[illegible] Graf	[illegible]	—	[illegible]
[illegible]	[illegible]	[illegible] Graf	[illegible]	—	[illegible]
[illegible]	[illegible]	[illegible]	[illegible]	—	—
[illegible]	[illegible]	[illegible]	—	[illegible]	—
[illegible]	[illegible]	[illegible]	[illegible] a. D.	[illegible]	—
[illegible]	[illegible]	[illegible]	—	—	[illegible]
[illegible]	[illegible]	[illegible] Freiherr von	—	[illegible]	—
[illegible]	[illegible]	[illegible]	[illegible]	—	[illegible]
—	[illegible]	[illegible]	[illegible]	—	[illegible]
[illegible]	[illegible]	[illegible] Graf von	[illegible]	—	[illegible]
[illegible]	[illegible]	[illegible] Graf	[illegible]	—	[illegible]

Nr.	Eingetreten am	Name des Mitgliedes	Charakter des Mitgliedes	Gestorben am	Ausgetreten am
[illegible]	[illegible]	Coronini, Johann Bapt. Graf	Geh. Rath, Kämmerer, [illegible] Ritter [illegible]	[illegible]	—
—	Stifter	[illegible], Alexander Freiherr von	Kämmerer	—	—
[illegible]	[illegible]	[illegible] Gräfin von, geb. Gräfin [illegible]	Sternkreuz-Ordensdame		—
[illegible]	[illegible] V [illegible]	[illegible] Peter Ritter von	Dr. Jur., Consul (General-Consul)	—	[illegible] V [illegible]
—	Ehrenmitglied	[illegible] Johann Ritter von	[illegible]	[illegible]	—
—	Correspond.	[illegible], Gottfried Ritter von	[illegible]	—	—
—	Gründer	[illegible] von [illegible]-Ferdinand Edler Georg	k. ung. Garde-Oberlieutenant (Honvéd Major, † [illegible] XI [illegible])	-	[illegible] VI [illegible]
[illegible]	[illegible] V [illegible]	[illegible] von [illegible], Josef	—	—	—
[illegible]	[illegible] X [illegible]	[illegible] Karl [illegible]	—	[illegible]	
[illegible]	[illegible] XI [illegible]	[illegible], [illegible] Graf	[illegible] Gesandtschafts-Attaché, [illegible] (... Major)	—	—
[illegible]	[illegible]	[illegible], [illegible] Graf	—	—	—
[illegible]	[illegible] XII [illegible]	[illegible], [illegible] Graf	Kämmerer	—	—
[illegible]	[illegible] VI [illegible]	[illegible] von [illegible], [illegible] Freiherr	Consul (General-Consul)	—	—
[illegible]	[illegible] VIII [illegible]	[illegible], Anton	[illegible]	—	—
[illegible]	[illegible]	[illegible] von [illegible], [illegible] Freiherr	Geh. Rath [illegible] a. D. († [illegible] X [illegible])	—	[illegible] V [illegible]
[illegible]	[illegible] XI [illegible]	[illegible], Alexander [illegible]	[illegible] Legations[illegible]	—	—
—	Correspond.	[illegible] Alexander v. (seit 1881 [illegible]) Freiherr	[illegible] a. D.	—	—
[illegible]	[illegible] X [illegible]	[illegible] Karl Freiherr von und zu [illegible]	Kämmerer	—	[illegible] X [illegible]
[illegible]	[illegible] V [illegible]	[illegible] von [illegible], Günther	Artillerie-Hauptmann (Oberst-Lieutenant)	—	—
[illegible]	[illegible] V [illegible]	[illegible] v. [illegible] geb. [illegible] Karoline [illegible]	[illegible] († [illegible] V [illegible])	—	[illegible] IX [illegible]
[illegible]	[illegible] V [illegible]	[illegible] von [illegible], [illegible] Freiherr	Geh. Rath, Kämmerer, Admiral	—	—
[illegible]	[illegible]	[illegible] von [illegible] [illegible] Freiherr	[illegible] (... a. D.)	—	—
[illegible]	[illegible] X [illegible]	[illegible] Arthur von	[illegible] Hauptmann (Oberst-lieutenant)	-	—
[illegible]	[illegible] VIII [illegible]	[illegible], Friedrich	[illegible]	[illegible] XI [illegible]	—
[illegible]	[illegible] VIII [illegible]	[illegible]	Kaufmann	—	[illegible] XII [illegible]
[illegible]	[illegible] XI [illegible]	[illegible]-Schönberg, Ferdinand Graf von	Kämmerer, Garde-Stabs-Major (... a. D.) († [illegible] IX [illegible])	—	[illegible] VI [illegible]
[illegible]	[illegible] III [illegible]	[illegible], Theodor Graf von	Kämmerer	[illegible] V [illegible]	—
[illegible]	[illegible]	[illegible] Ferdinand Graf von	Kämmerer (Geh. Rath)	—	[illegible] XII [illegible]
[illegible]	[illegible] VI [illegible]	[illegible], Robert von	[illegible]	-	—
[illegible]	[illegible] XII [illegible]	[illegible] Paul Baron	—	—	[illegible] VI [illegible]
[illegible]	[illegible] IV [illegible]	[illegible], Anton Freiherr von	Dr. [illegible]	[illegible]	—
[illegible]	[illegible] V [illegible]	[illegible] v. [illegible], Johann [illegible]	[illegible]	—	—
[illegible]	[illegible]	[illegible], Rudolf Freiherr von	[illegible] a. D.	[illegible] X [illegible]	—
[illegible]	[illegible] III [illegible]	[illegible] v. [illegible], Johann Freiherr	Kämmerer	—	—
[illegible]	[illegible] VI [illegible]	[illegible] v. [illegible], [illegible] Ritter	[illegible]	—	[illegible] IX [illegible]
[illegible]	[illegible] IX [illegible]	[illegible] Rudolf Freiherr von	Kämmerer, Hauptmann ([illegible] des Deutschen Ritter-Ordens [illegible] a. D.)	—	[illegible] I [illegible]
[illegible]	[illegible]	[illegible] ([illegible]), Josef	[illegible]	—	—
[illegible]	[illegible] IV [illegible]	[illegible], Franz Ritter von	[illegible] († [illegible])	—	[illegible] I [illegible]
[illegible]	[illegible] III [illegible]	[illegible] v. [illegible], Heinrich Ritter	[illegible]	[illegible] VII [illegible]	—
[illegible]	[illegible] XII [illegible]	[illegible], Iwan Graf	Kämmerer	-	—

№	Beigetreten am	Name des Mitgliedes	Charakter des Mitgliedes	Gestorben am	Ausgetreten am
[illegible]	[illegible]	[illegible], Josef Graf	K.k. [illegible]	—	—
[illegible]	[illegible]	[illegible] Georg	[illegible] († [illegible])	—	[illegible]
[illegible]	[illegible]	[illegible] Josef von	[illegible]	—	[illegible]
113	[illegible]	[illegible] Graf	[illegible] a. D.	—	[illegible]
[illegible]	[illegible]	[illegible]	Mitglied des [illegible]	—	—
[illegible]	[illegible]	[illegible] de [illegible], [illegible] (Freiherr von)	—	—	[illegible]
[illegible]	[illegible]	[illegible] von	[illegible]	—	—
[illegible]	[illegible]	[illegible] Freiherr von	[illegible]	—	—
[illegible]	[illegible]	[illegible] von und zu [illegible], Karl Ritter	Major a. D.	[illegible]	—
[illegible]	[illegible]	[illegible] Ritter von	[illegible]	[illegible]	—
[illegible]	[illegible]	[illegible] Gustav, Ritter	[illegible] a. D.	—	—
[illegible]	[illegible]	[illegible] Friedrich	[illegible]	—	—
[illegible]	[illegible]	[illegible] Franz Graf von	[illegible]	[illegible]	—
[illegible]	[illegible]	[illegible] Rudolf Graf von	[illegible] a. D.	[illegible]	—
[illegible]	[illegible]	[illegible] Robert [illegible]	[illegible]	—	—
[illegible]	[illegible]	[illegible] Otto von	[illegible]	—	[illegible]
—	[illegible]	[illegible] Eugen	[illegible]	—	—
[illegible]	[illegible]	[illegible]	[illegible] Lieutenant	—	—
[illegible]	[illegible]	[illegible] Georg Freiherr	[illegible] Oberlieutenant	—	—
[illegible]	[illegible]	[illegible], Franz Graf von	[illegible] Oberlieutenant a. D. ([illegible])	—	[illegible]
[illegible]	[illegible]	[illegible] Johann Graf von	[illegible] a. D. ([illegible])	—	[illegible]
[illegible]	[illegible]	[illegible]	[illegible]	—	[illegible]
[illegible]	[illegible]	[illegible] von	[illegible] (Major a. D.)	—	—
[illegible]	[illegible]	[illegible] Freiherr von	—	—	[illegible]
[illegible]	[illegible]	[illegible], Peter [illegible]	[illegible]	—	—
[illegible]	[illegible]	[illegible] Graf	[illegible]	—	—
[illegible]	[illegible]	[illegible] Albert	[illegible]	—	—
[illegible]	[illegible]	[illegible] Ritter von	[illegible]	—	[illegible]
[illegible]	[illegible]	[illegible] Ferdinand	[illegible]	—	—
[illegible]	[illegible]	[illegible]	[illegible]	—	[illegible]
[illegible]	[illegible]	[illegible] Baron von	—	—	—
[illegible]	[illegible]	[illegible] Graf	[illegible]	[illegible]	—
[illegible]	[illegible]	[illegible], Heinrich Graf	[illegible]	—	[illegible]
[illegible]	[illegible]	[illegible] Wilhelm Freiherr von	[illegible]	—	—
[illegible]	[illegible]	[illegible] Freiherr von	[illegible] a. D.	[illegible]	—
[illegible]	[illegible]	[illegible] Freiherr von	[illegible]	—	[illegible]
[illegible]	[illegible]	[illegible] August Graf	—	—	—
[illegible]	[illegible]	[illegible] Adolf (Freiherr) von	[illegible]	—	[illegible]
[illegible]	[illegible]	[illegible]	[illegible]	[illegible]	—
[illegible]	[illegible]	[illegible] Karl	[illegible] a. D.	—	—
[illegible]	[illegible]	[illegible] Johann	[illegible]	—	—
[illegible]	[illegible]	[illegible] Karl [illegible] zu	[illegible] a. D. [illegible]	[illegible]	—
[illegible]	[illegible]	[illegible], Karl [illegible] Fürst zu	[illegible]	[illegible]	—
[illegible]	[illegible]	[illegible], Karl [illegible] Fürst zu	[illegible] Major	—	—

Nr.	Eingetreten am	Name des Mitgliedes	Charakter des Mitgliedes	Gestorben am	Ausgetreten am
[illegible]	[illegible]	[illegible] Freiherr von	[illegible]	—	[illegible]
[illegible]	[illegible]	[illegible] Graf von	[illegible]	—	[illegible]
[illegible]	[illegible]	[illegible]	[illegible]	[illegible]	—
[illegible]	[illegible]	[illegible] Graf von	[illegible] a. D.	—	[illegible]
[illegible]	[illegible]	[illegible]	[illegible]	—	—
[illegible]	[illegible]	[illegible]	[illegible]	—	[illegible]
[illegible]	[illegible]	[illegible]	[illegible] a. D.	—	[illegible]
[illegible]	[illegible]	[illegible]	[illegible] (a. D.)	—	[illegible]
[illegible]	[illegible]	[illegible]	[illegible]	—	—
[illegible]	[illegible]	[illegible] Freiherr von	[illegible] a. D.	—	[illegible]
[illegible]	[illegible]	[illegible]	[illegible]	—	—
[illegible]	[illegible]	[illegible] von	[illegible]	[illegible]	—
[illegible]	[illegible]	[illegible] von	[illegible] a. D.	—	[illegible]
[illegible]	[illegible]	[illegible]	[illegible]	—	—
[illegible]	[illegible]	[illegible]	—	—	—
[illegible]	[illegible]	[illegible] von	[illegible]	—	—
[illegible]	[illegible]	[illegible] von	[illegible]	—	—
[illegible]	[illegible]	[illegible] Graf von	[illegible]	[illegible]	—
[illegible]	[illegible]	[illegible]	[illegible] a. D.	—	[illegible]
[illegible]	[illegible]	[illegible]	—	—	[illegible]
[illegible]	[illegible]	[illegible] Graf	—	—	[illegible]
[illegible]	[illegible]	[illegible]	—	[illegible]	—
[illegible]	[illegible]	[illegible]	[illegible]	[illegible]	—
[illegible]	[illegible]	[illegible]	[illegible] a. D.	—	[illegible]
[illegible]	[illegible]	[illegible]	[illegible]	—	[illegible]
[illegible]	[illegible]	[illegible]	[illegible]	—	[illegible]
[illegible]	[illegible]	[illegible]	[illegible]	—	—
[illegible]	[illegible]	[illegible] Graf von	[illegible]	—	—
[illegible]	[illegible]	[illegible]	[illegible]	—	—
[illegible]	[illegible]	[illegible]	[illegible]	—	—
[illegible]	[illegible]	[illegible] Freiherr von	[illegible]	—	[illegible]
[illegible]	[illegible]	[illegible]	[illegible]	—	[illegible]
[illegible]	[illegible]	[illegible]	[illegible]	—	—
[illegible]	[illegible]	[illegible]	[illegible] a. D.	—	—
[illegible]	[illegible]	[illegible] Freiherr	[illegible]	—	—
[illegible]	[illegible]	[illegible]	[illegible]	[illegible]	—
[illegible]	[illegible]	[illegible]	[illegible] a. D.	—	[illegible]
[illegible]	[illegible]	[illegible]	[illegible]	[illegible]	—
[illegible]	[illegible]	[illegible] Graf von	[illegible]	[illegible]	—
[illegible]	[illegible]	[illegible]	[illegible]	—	[illegible]
[illegible]	[illegible]	[illegible]	[illegible] a. D.	—	—
[illegible]	[illegible]	[illegible]	[illegible]	—	[illegible]
[illegible]	[illegible]	[illegible]	[illegible]	—	—

Nr.	Eingetreten am	Name des Mitgliedes	Charakter des Mitgliedes	Gestorben am	Ausgetreten am
[illegible]	[illegible]	[illegible]	[illegible]		[illegible]
[illegible]	[illegible]	[illegible]	[illegible]	—	—
[illegible]	[illegible]	[illegible]	[illegible]	—	[illegible]
[illegible]	[illegible]	[illegible]	[illegible]	—	[illegible]
[illegible]	[illegible]	[illegible]	[illegible]	—	—
[illegible]	[illegible]	[illegible]	[illegible]	—	—
[illegible]	[illegible]	[illegible]	[illegible]	—	—
[illegible]	[illegible]	[illegible]	[illegible]	—	—
[illegible]	[illegible]	[illegible]	[illegible]	—	—
[illegible]	[illegible]	[illegible]	[illegible]	—	—
—	Gründer	[illegible]	[illegible]	[illegible]	—
[illegible]	[illegible]	[illegible]	[illegible]	[illegible]	—
[illegible]	[illegible]	[illegible]	[illegible]	—	[illegible]
[illegible]	[illegible]	[illegible]	[illegible]	—	—
[illegible]	[illegible]	[illegible]	[illegible]	—	—
[illegible]	[illegible]	[illegible]	[illegible]	—	[illegible]
[illegible]	[illegible]	[illegible]	[illegible]	—	—
[illegible]	[illegible]	[illegible]	[illegible]	—	[illegible]
[illegible]	[illegible]	[illegible]	[illegible]	—	—
[illegible]	[illegible]	[illegible]	[illegible]	—	[illegible]
[illegible]	[illegible]	[illegible]	[illegible]	[illegible]	—
[illegible]	[illegible]	[illegible]	[illegible]	—	[illegible]
[illegible]	[illegible]	[illegible]	[illegible]	—	—
[illegible]	[illegible]	[illegible]	[illegible]	—	[illegible]
—	[illegible]	[illegible]	[illegible]	—	—
—	[illegible]	[illegible]	[illegible]	—	—
[illegible]	[illegible]	[illegible]	[illegible]	—	—
[illegible]	[illegible]	[illegible]	[illegible]	[illegible]	—
[illegible]	[illegible]	[illegible]	[illegible]	—	[illegible]
[illegible]	[illegible]	[illegible]	[illegible]	[illegible]	—
[illegible]	[illegible]	[illegible]	[illegible]	—	[illegible]
[illegible]	[illegible]	[illegible]	[illegible]	—	—
[illegible]	[illegible]	[illegible]	[illegible]	[illegible]	—
[illegible]	[illegible]	[illegible]	[illegible]	—	—
[illegible]	[illegible]	[illegible]	[illegible]	—	—
[illegible]	[illegible]	[illegible]	[illegible]	[illegible]	—
—	Gründer	[illegible]	[illegible]	—	[illegible]
[illegible]	[illegible]	[illegible]	[illegible]	—	—
[illegible]	[illegible]	[illegible]	[illegible]	—	[illegible]
[illegible]	[illegible]	[illegible]	[illegible]	—	—
[illegible]	[illegible]	[illegible]	[illegible]	—	—
[illegible]	[illegible]	[illegible]	[illegible]	[illegible]	—
[illegible]	[illegible]	[illegible]	[illegible]	[illegible]	—
[illegible]	[illegible]	[illegible]	[illegible]	—	—
[illegible]	[illegible]	[illegible]	[illegible]	—	—
—	[illegible]	[illegible]	[illegible]	[illegible]	—

[illegible]	[illegible]	Name	Charakter	[illegible]	[illegible]
		der Mitglieder			
[illegible]	[illegible]	[illegible]	[illegible]	[illegible]	[illegible]

[illegible]

№	Beigetreten am	Name der Mitglieder	Charakter der Mitglieder	Gestorben am	Ausgetreten am
[illegible]	[illegible] VIII [illegible]	[illegible] Frau von	—	—	—
[illegible]	[illegible] X [illegible]	[illegible] Ferdinand Freih. von	[illegible] a. D.	—	[illegible]
[illegible]	10 X [illegible]	[illegible] Freih. v.	[illegible] (Oberst i. P.)	—	[illegible] X [illegible]
[illegible]	[illegible]	[illegible] Franz [illegible] graf von	—	—	—
[illegible]	[illegible] XI [illegible]	[illegible]	[illegible]	[illegible] VIII [illegible]	—
[illegible]	[illegible]	[illegible]	[illegible] Propst von [illegible]	—	—
[illegible]	[illegible] IV [illegible]	[illegible] Anton	[illegible]	—	—
[illegible]	[illegible]	[illegible] Franz [illegible]	[illegible]	—	—
—	Gründer	[illegible] Karl	[illegible]	1 XII [illegible]	—
—	Correspond.	[illegible]	[illegible]	—	—
[illegible]	[illegible]	[illegible] Freih. von	[illegible]	—	[illegible] X [illegible]
[illegible]	[illegible]	[illegible] v. [illegible], Gustav Freiherr	[illegible] a. P. ([illegible] X [illegible])		[illegible] X [illegible]
[illegible]	[illegible] XI [illegible]	[illegible] Graf von	[illegible] a. D.)	[illegible] IV [illegible]	—
[illegible]	[illegible]	[illegible] v. [illegible] Karl [illegible]	[illegible]	[illegible] XI [illegible]	—
[illegible]	[illegible]	[illegible] Karl	[illegible]	—	—
[illegible]	[illegible] IV [illegible]	[illegible]	[illegible]	—	[illegible] V [illegible]
[illegible]	[illegible]	[illegible] von	[illegible]	[illegible]	—
[illegible]	[illegible] IX [illegible]	[illegible] Graf von	[illegible] Hauptmann a. D.	[illegible] XI [illegible]	—
[illegible]	[illegible]	[illegible]	[illegible]	—	—
[illegible]	[illegible] X [illegible]	[illegible]	[illegible]	[illegible] X [illegible]	—
[illegible]	[illegible]	[illegible] Karl Graf von	[illegible] Lieutenant a. D.	—	—
[illegible]	[illegible]	[illegible]	[illegible]	—	—
[illegible]	[illegible]	[illegible] Karl Graf	[illegible]	—	[illegible] V [illegible]
[illegible]	[illegible] IV [illegible]	[illegible]	[illegible]	—	[illegible]
[illegible]	4 V [illegible]	[illegible]	[illegible]	—	—
[illegible]	[illegible]	[illegible] v. [illegible]	[illegible]	[illegible] VIII [illegible]	—
[illegible]	[illegible]	[illegible] Georg	[illegible]	—	[illegible]
[illegible]	[illegible] VIII [illegible]	[illegible]	[illegible]	[illegible]	—
[illegible]	[illegible] VIII [illegible]	[illegible] Freih.	[illegible]	—	[illegible]
[illegible]	[illegible]	[illegible] Freih.	—	—	[illegible]
[illegible]	[illegible]	[illegible] von [illegible] Graf	[illegible]	—	—
—	Correspond.	[illegible] Constantin	[illegible]	[illegible]	—
[illegible]	[illegible]	[illegible] Graf	[illegible]	—	[illegible]
[illegible]	[illegible]	[illegible] Johann Graf v.	[illegible]	—	—
[illegible]	[illegible] XI [illegible]	[illegible] Graf	[illegible]	—	—
[illegible]	[illegible] XI [illegible]	[illegible]	[illegible]	—	—
[illegible]	[illegible] IX [illegible]	[illegible]	[illegible] a. D.	[illegible] VII [illegible]	—
[illegible]	[illegible]	[illegible]	[illegible]	[illegible] IV [illegible]	—
[illegible]	[illegible]	[illegible] von	[illegible] a. D.	—	[illegible] V [illegible]
[illegible]	[illegible]	[illegible] von	[illegible]	—	[illegible] XI [illegible]
[illegible]	[illegible]	[illegible] von	[illegible]	[illegible]	—
[illegible]	[illegible] IX [illegible]	[illegible] Graf	[illegible]	[illegible]	—
—	Correspond.	[illegible] von	[illegible]	—	—
[illegible]	[illegible] XI [illegible]	[illegible] Fürst von	[illegible]	—	[illegible]
—	Stifter	[illegible]	—	—	—
[illegible]	[illegible] VII [illegible]	[illegible] Graf v.	[illegible]	—	—
[illegible]	[illegible] VI [illegible]	[illegible] Freih. v.	[illegible]	—	—
—	[illegible]	[illegible] von	[illegible] Hauptmann a. D.	—	—
[illegible]	[illegible] IV [illegible]	[illegible]	[illegible]	—	—
[illegible]	[illegible] XII [illegible]	[illegible] Ferdinand Prinz von	[illegible] a. D.	—	—

№	Beigetreten am	Name des Mitgliedes	Charakter des Mitgliedes	Gestorben am	Ausgetreten am
[illegible]	4 XI [illegible]	[illegible], Ferdinand [illegible] [illegible] von	Kämmerer	—	—
[illegible]	9 I [illegible]	[illegible] Franz [illegible] von	[illegible] a. D.	—	—
[illegible]	3 VIII [illegible]	[illegible], Georg Christian Fürst von	Geh. Rath, [illegible]	—	[illegible] XI [illegible]
[illegible]	9 V [illegible]	[illegible], Rudolf Fürst von	Kämmerer, Major (Geh. Rath, [illegible])	—	—
[illegible]	10 XII [illegible]	[illegible] Freih. v.	Kämmerer, [illegible] a. D.	—	[illegible] III [illegible]
[illegible]	12 XII [illegible]	[illegible] Graf v.	[illegible]	[illegible] VI [illegible]	7 XI [illegible]
[illegible]	[illegible] IX [illegible]	[illegible] von	[illegible]	—	[illegible]
[illegible]	16 XII [illegible]	[illegible]	[illegible]	—	1 IV [illegible]
[illegible]	[illegible] VII [illegible]	[illegible], Arnold	[illegible]	—	—
[illegible]	9 III [illegible]	[illegible] Leopold Freih. von	Kämmerer [illegible] a. D.	—	—
—	[illegible]	[illegible] von [illegible], Arnold [illegible]	Dr. jur., [illegible]	—	—
[illegible]	6 III [illegible]	[illegible], Karl Graf von	(† [illegible])	—	—
[illegible]	11 XI [illegible]	[illegible] Franz Freih. von	[illegible]	—	—
[illegible]	[illegible] II [illegible]	[illegible]	[illegible]	—	9 VIII [illegible]
[illegible]	10 XII [illegible]	[illegible]	[illegible] (Kämmerer und Major a. D.)	—	1 XI [illegible]
[illegible]	10 IX [illegible]	[illegible] Johann [illegible] von	[illegible]	—	[illegible] XI [illegible]
[illegible]	12 I [illegible]	[illegible] von	[illegible]	—	—
[illegible]	[illegible] II [illegible]	[illegible] Burggraf von [illegible]	[illegible]	—	—
[illegible]	27 VI [illegible]	[illegible] v. [illegible], Arthur	[illegible]	—	—
[illegible]	10 XII [illegible]	[illegible] v. [illegible]	—	—	—
[illegible]	10 I [illegible]	[illegible] v. [illegible], Wilhelm [illegible]	[illegible] a. D.	—	6 X [illegible]
[illegible]	3 XII [illegible]	[illegible]	Dr. [illegible]	[illegible] VI [illegible]	—
[illegible]	6 IV [illegible]	[illegible] Freih. von	[illegible] a. D.	—	—
[illegible]	[illegible] XII [illegible]	[illegible], Karl	[illegible]	—	[illegible] I [illegible]
—	[illegible]	[illegible] v. [illegible], Karl [illegible]	Dr. phil., [illegible]	[illegible]	
[illegible]	3 I [illegible]	[illegible] v. [illegible]	[illegible] a. D.	—	[illegible] VI [illegible]
[illegible]	[illegible] III [illegible]	[illegible]	[illegible]		[illegible] I [illegible]
[illegible]	6 I [illegible]	[illegible], Karl	[illegible]	—	[illegible]
[illegible]	[illegible] V [illegible]	[illegible] Franz Graf von	[illegible]	[illegible] III [illegible]	—
[illegible]	[illegible] XII [illegible]	[illegible] Franz Graf v.	Kämmerer [illegible]	[illegible] VIII [illegible]	—
[illegible]	[illegible] XII [illegible]	[illegible], Karl Graf v.	[illegible] a. D.	[illegible] V [illegible]	—
[illegible]	[illegible] I [illegible]	[illegible] Karl Freih. von	Geh. Rath [illegible]	[illegible]	—
[illegible]	7 XI [illegible]	[illegible] Ritter von	[illegible]	—	[illegible]
[illegible]	[illegible] III [illegible]	[illegible] Fürst von	Geh. Rath, Kämmerer, [illegible] a. D. [illegible]	[illegible]	—
[illegible]	[illegible] I [illegible]	[illegible] von	[illegible]	—	—
[illegible]	15 II [illegible]	[illegible] Freih. v.	[illegible]	—	—
[illegible]	[illegible] I [illegible]	[illegible] Graf	[illegible]	—	[illegible] I [illegible]
[illegible]	[illegible] III [illegible]	[illegible] Graf	[illegible] a. D.	—	—
[illegible]	16 II [illegible]	[illegible] August [illegible]	[illegible]	—	—
[illegible]	[illegible] III [illegible]	[illegible], Georg Freiherr von	[illegible] a. D.	[illegible] VII [illegible]	—
[illegible]	[illegible] VIII [illegible]	[illegible]	[illegible] a. D.	—	9 I [illegible]
[illegible]	1 X [illegible]	[illegible] Graf von [illegible]	Kämmerer	—	—
[illegible]	9 XII [illegible]	[illegible] Graf v.	[illegible]	19 VI [illegible]	—
[illegible]	[illegible] II [illegible]	[illegible], Ernst Graf	—	14 X [illegible]	

Nr.	Eingetreten am	Name des Mitgliedes	Charakter des Mitgliedes	Gestorben am	Ausgetreten am
[illegible]	[illegible]	[illegible]		[illegible]	—
[illegible]	[illegible]	[illegible]	[illegible]	—	—
[illegible]	[illegible]	[illegible]	[illegible]	—	[illegible]
[illegible]	[illegible]	[illegible]	[illegible]	—	[illegible]
[illegible]	[illegible]	[illegible]	[illegible]		—
[illegible]	[illegible]	[illegible]	[illegible]	[illegible]	—
[illegible]	[illegible]	[illegible]	[illegible]	—	—
[illegible]	[illegible]	[illegible]	[illegible]	—	—
[illegible]	[illegible]	[illegible]	[illegible]	—	[illegible]
[illegible]	[illegible]	[illegible]	[illegible]	—	—
[illegible]	[illegible]	[illegible]	[illegible]	—	[illegible]
[illegible]	[illegible]	[illegible]	[illegible]	[illegible]	—
[illegible]	[illegible]	[illegible]	—	—	[illegible]
[illegible]	[illegible]	[illegible]	[illegible]	—	[illegible]
[illegible]	[illegible]	[illegible]	[illegible]	[illegible]	—
[illegible]	[illegible]	[illegible]	[illegible]	—	—
[illegible]	[illegible]	[illegible]	[illegible]	—	—
[illegible]	[illegible]	[illegible]	[illegible]	—	—
[illegible]	[illegible]	[illegible]	[illegible]	—	[illegible]
[illegible]	[illegible]	[illegible]	[illegible]	—	—
[illegible]	[illegible]	[illegible]	[illegible]	—	[illegible]
[illegible]	[illegible]	[illegible]	[illegible]	[illegible]	—
[illegible]	[illegible]	[illegible]	[illegible]	—	—
[illegible]	[illegible]	[illegible]	[illegible]	—	[illegible]
[illegible]	[illegible]	[illegible]	—	—	[illegible]
[illegible]	[illegible]	[illegible]	[illegible]		[illegible]
[illegible]	[illegible]	[illegible]	[illegible]	—	[illegible]
[illegible]	[illegible]	[illegible]	[illegible]	—	—
[illegible]	[illegible]	[illegible]	[illegible]	—	[illegible]
[illegible]	[illegible]	[illegible]	[illegible]	—	[illegible]
[illegible]	[illegible]	[illegible]	[illegible]	—	—
[illegible]	[illegible]	[illegible]	[illegible]	[illegible]	—
[illegible]	[illegible]	[illegible]	[illegible]	—	—
[illegible]	[illegible]	[illegible]	[illegible]	—	[illegible]
[illegible]	[illegible]	[illegible]	[illegible]	—	—
[illegible]	[illegible]	[illegible]	[illegible]		[illegible]
[illegible]	[illegible]	[illegible]	[illegible]	—	—
[illegible]	[illegible]	[illegible]	[illegible]	—	[illegible]
[illegible]	[illegible]	[illegible]	[illegible]	[illegible]	—
[illegible]	[illegible]	[illegible]	[illegible]	—	[illegible]
[illegible]	[illegible]	[illegible]	[illegible]	—	[illegible]

[illegible]	[illegible]	Name	Charakter	[illegible]	[illegible]
	[illegible]	der Mitglieder		[illegible]	[illegible]
[illegible]	[illegible]	[illegible]	[illegible]	—	[illegible]
[illegible]	[illegible]	[illegible], Adolf	[illegible]	—	—
[illegible]	[illegible]	[illegible]	[illegible]	—	—
[illegible]	[illegible]	[illegible]	[illegible]	—	[illegible]
[illegible]	[illegible]	[illegible]	[illegible]	—	[illegible]
[illegible]	[illegible]	[illegible]	[illegible]	—	[illegible]
[illegible]	[illegible]	[illegible]	[illegible]	[illegible]	—
[illegible]	[illegible]	[illegible]	[illegible]	—	[illegible]
[illegible]	[illegible]	[illegible]	[illegible]	—	—
[illegible]	[illegible]	[illegible]	[illegible]	—	—
[illegible]	[illegible]	[illegible]	[illegible]	—	[illegible]
[illegible]	[illegible]	[illegible]	[illegible]	—	—
[illegible]	[illegible]	[illegible], Adolf	[illegible]	[illegible]	—
[illegible]	[illegible]	[illegible]	[illegible]	[illegible]	—
[illegible]	[illegible]	[illegible]	[illegible]	—	[illegible]
–	[illegible]	[illegible]	[illegible]	—	[illegible]
[illegible]	[illegible]	[illegible]	[illegible]	—	[illegible]
[illegible]	[illegible]	[illegible]	[illegible]	—	[illegible]
[illegible]	[illegible]	[illegible]	[illegible]	—	[illegible]
[illegible]	[illegible]	[illegible]	[illegible]	[illegible]	—
[illegible]	[illegible]	[illegible]	[illegible]	—	—
[illegible]	[illegible]	[illegible]	[illegible]	—	[illegible]
[illegible]	[illegible]	[illegible]	[illegible]	—	[illegible]
[illegible]	[illegible]	[illegible]	[illegible]	—	—
[illegible]	[illegible]	[illegible]	[illegible]	—	—
[illegible]	[illegible]	[illegible]	[illegible]	[illegible]	—
[illegible]	[illegible]	[illegible]	[illegible]	[illegible]	—
[illegible]	[illegible]	[illegible]	[illegible]	—	[illegible]
[illegible]	[illegible]	[illegible]	[illegible]	—	—
[illegible]	[illegible]	[illegible]	[illegible]	—	—
[illegible]	[illegible]	[illegible]	[illegible]	—	[illegible]
[illegible]	[illegible]	[illegible]	[illegible]	[illegible]	—
[illegible]	[illegible]	[illegible]	[illegible]	—	[illegible]
[illegible]	[illegible]	[illegible]	[illegible]	—	[illegible]
[illegible]	[illegible]	[illegible]	[illegible]	[illegible]	—
[illegible]	[illegible]	[illegible]	[illegible]	—	[illegible]
[illegible]	[illegible]	[illegible]	[illegible]	[illegible]	—
[illegible]	[illegible]	[illegible]	[illegible]	[illegible]	[illegible]
[illegible]	[illegible]	[illegible]	[illegible]	[illegible]	—
[illegible]	[illegible]	[illegible]	[illegible]	—	[illegible]
[illegible]	[illegible]	[illegible]	[illegible]	[illegible]	—
[illegible]	[illegible]	[illegible]	[illegible]	—	—

Nr.	Eingetreten am	Name des Mitgliedes	Charakter des Mitgliedes	Gestorben am	Ausgetreten am
[illegible]	[illegible]	[illegible], Eduard Freih. von	Dr. phil. [illegible]	[illegible]	—
[illegible]	[illegible]	[illegible], Baron de	—	—	[illegible]
[illegible]	[illegible]	[illegible] Gräfin v., geb. Gräfin v. [illegible]	[illegible]	—	[illegible]
[illegible]	[illegible]	Saint-Julien [illegible] Graf von	Geh. Rath, Kämmerer, [illegible] a. D. [illegible]		[illegible]
		[illegible] siehe [illegible]			
[illegible]	[illegible]	[illegible] Franz [illegible] Freiherr von	[illegible], Hauptmann [illegible] a. D.)	—	[illegible]
[illegible]	[illegible]	[illegible] Félix Chevalier	Advocat u. Schriftsteller [illegible]	—	[illegible]
[illegible]	[illegible]	[illegible], Leopold Freiherr	—	[illegible]	—
[illegible]	[illegible]	[illegible] Karl von	k. k. [illegible] Oberlieutenant (a. D.)	[illegible]	—
[illegible]	[illegible]	[illegible], Franz de Paula	[illegible]	—	—
[illegible]	[illegible]	[illegible], Gräfin, geb. Gräfin [illegible]	[illegible]	—	—
[illegible]	[illegible]	[illegible] Alfred Freih. von	Kämmerer [illegible]	—	[illegible]
[illegible]	[illegible]	[illegible], Wilhelm Freih. von	Major [illegible]	—	—
[illegible]	[illegible]	[illegible] Ritter von (seit [illegible] Freiherr)	[illegible] Kämmerer [illegible] a. D. [illegible]	—	[illegible]
[illegible]	[illegible]	[illegible] Freih. [illegible]	[illegible] Geh. Rath ([illegible])	—	[illegible]
[illegible]	[illegible]	[illegible] von [illegible], August [illegible]	Dr. phil. [illegible] a. D. ([illegible])	—	[illegible]
[illegible]	[illegible]	[illegible], Georg [illegible]	[illegible]	[illegible]	—
[illegible]	[illegible]	[illegible] v. [illegible] Wilhelm [illegible]	[illegible] a. D.	[illegible]	—
[illegible]	[illegible]	[illegible] v. [illegible]	[illegible]	—	[illegible]
[illegible]	[illegible]	[illegible] Anton [illegible]	[illegible]	—	—
[illegible]	[illegible]	[illegible] Peter [illegible] von	—	—	[illegible]
[illegible]	[illegible]	[illegible] Albert Freih. von	Lieutenant ([illegible])	—	—
[illegible]	[illegible]	[illegible], Karl von	k. k. [illegible]	—	[illegible]
[illegible]	[illegible]	[illegible], Josef [illegible] von	Geh. Rath [illegible] a. D.	[illegible]	—
[illegible]	[illegible]	[illegible], Franz Graf	[illegible]	—	—
[illegible]	[illegible]	[illegible], [illegible]	[illegible]	—	[illegible]
[illegible]	[illegible]	[illegible] Friedrich [illegible] Freiherr von)	[illegible]	[illegible]	—
[illegible]	[illegible]	[illegible], Wilhelm Freih. von	[illegible]	[illegible]	—
[illegible]	[illegible]	[illegible], [illegible]	[illegible] (Dr. phil. [illegible])	—	—
[illegible]	[illegible]	[illegible] Freiherr von	Kämmerer und [illegible] a. D.	[illegible]	—
[illegible]	[illegible]	[illegible], [illegible] von	k. k. [illegible] (a. D.)	—	[illegible]
[illegible]	[illegible]	[illegible], [illegible] Graf von	Geh. Rath, Kämmerer	—	—
[illegible]	[illegible]	[illegible], Franz de Paula Graf von	Dr. [illegible] Geh. Rath [illegible]	—	—
[illegible]	[illegible]	[illegible], Friedrich Graf von	Dr. jur. Geh. Rath, Kämmerer [illegible]	—	[illegible]
[illegible]	[illegible]	[illegible], Josef Graf von		—	—
—	Correspond.	[illegible], Karl	[illegible]	—	—

Nr.	Beigetreten am	Name	Charakter	Gestorben am	Ausgetreten am
		des Mitgliedes			
[illegible]	1 V [illegible]	Schrauf, Karl	Dr phil, Archivconcipist ([illegible])	—	—
[illegible]	4 II [illegible]	Schrauf, [illegible]	[illegible]		
[illegible]	[illegible] I [illegible]	Schrauf Anton	[illegible]	—	—
[illegible]	[illegible] IV [illegible]	[illegible] v Schwarzenfeld [illegible] Edler	—	—	—
[illegible]	16 X [illegible]	[illegible] Edler von	Dr [illegible]		—
[illegible]	[illegible] V [illegible]	[illegible] Karl Ritter von	[illegible]	—	[illegible] III [illegible]
[illegible]	[illegible] VI [illegible]	[illegible]	[illegible]	[illegible] X [illegible]	—
[illegible]	[illegible] XI [illegible]	Schwarzenberg, Adolf Fürst zu	[illegible] a. D. ([illegible])	—	—
[illegible]	[illegible] IV [illegible]	Schwarzenberg, Johann Adolf Fürst zu	[illegible]	[illegible] IX [illegible]	—
[illegible]	[illegible] XII [illegible]	Schwarzenberg Karl Fürst zu	[illegible] a. D. [illegible]	—	—
		Schwarzenfeld siehe [illegible]			
[illegible]	[illegible] XII [illegible]	[illegible] Johann	[illegible]	—	—
[illegible]	[illegible] I [illegible]	[illegible] Karl von	[illegible]	—	—
[illegible]	[illegible] X [illegible]	[illegible]	[illegible]	—	[illegible] X 1876
[illegible]	[illegible] XII [illegible]	[illegible]	[illegible]	1 IV [illegible]	—
[illegible]	[illegible] IX [illegible]	[illegible], Johann [illegible]	[illegible]	[illegible] VII [illegible]	—
[illegible]	[illegible] IX [illegible]	[illegible] Karl [illegible] Graf von	[illegible] a. D.	—	[illegible]
[illegible]	[illegible] XI [illegible]	[illegible] Graf von	[illegible] a. D.	[illegible] IV [illegible]	—
[illegible]	[illegible]	[illegible]	[illegible]	—	[illegible]
[illegible]	[illegible] X [illegible]	[illegible]	[illegible] (a. D.)	—	[illegible]
—	Correspond.	[illegible], Gustav Adalbert	[illegible]	—	—
[illegible]	[illegible] IV [illegible]	[illegible] Alexander Freih. von	[illegible]	—	[illegible]
[illegible]	[illegible] IV [illegible]	[illegible]	[illegible]	—	[illegible]
		[illegible] siehe [illegible]			
[illegible]	[illegible] II [illegible]	[illegible]	[illegible]		1 VII [illegible]
[illegible]	[illegible] VI [illegible]	[illegible]	[illegible]	—	[illegible] V [illegible]
[illegible]	[illegible] IX [illegible]	[illegible], Hermann	[illegible]	—	[illegible] XII [illegible]
[illegible]	[illegible] XI [illegible]	[illegible] Freih. von	Dr jur, [illegible]	[illegible] II [illegible]	—
[illegible]	[illegible] III [illegible]	[illegible] von [illegible], [illegible] Graf von	[illegible] a. D. ([illegible] VI [illegible])	—	[illegible] VII [illegible]
[illegible]	[illegible] X [illegible]	[illegible] Leopold Graf von	[illegible]		[illegible] X [illegible]
[illegible]	[illegible] XI [illegible]	Spiegel, Ferdinand Graf von	[illegible] a. D.	—	—
[illegible]	[illegible] VI [illegible]	[illegible] Graf von	[illegible] (a. D.)	—	—
[illegible]	[illegible] V [illegible]	[illegible], Karl	[illegible]	—	[illegible] I [illegible]
[illegible]	[illegible] IX [illegible]	[illegible] zu [illegible], Philipp Graf von	[illegible] a. D.	—	[illegible] III [illegible]
[illegible]	[illegible] VII [illegible]	[illegible] Georg	[illegible]	—	[illegible] I [illegible]
[illegible]	[illegible] VI [illegible]	[illegible]	[illegible]	—	[illegible] I [illegible]
		[illegible] siehe [illegible]			
[illegible]	[illegible] X [illegible] und [illegible] XII [illegible]	[illegible], [illegible] Freih. von	[illegible] a. D. [illegible] ([illegible] VII [illegible])	—	[illegible]
[illegible]	[illegible] IV [illegible]	[illegible] Albert Freiherr von	—	[illegible] XII [illegible]	—
[illegible]	[illegible] XII [illegible]	[illegible]	[illegible]	—	—
[illegible]	[illegible] I [illegible]	[illegible], Adalbert Graf von	[illegible]	[illegible] XII [illegible]	—

Nr.	Eingetreten am	Name der Mitglieder	Charakter der Mitglieder	Gestorben am	Ausgetreten am
[illegible]	[illegible]	[illegible] Graf von	Kämmerer	—	—
[illegible]	[illegible]	[illegible] Graf von	Kämmerer	—	[illegible]
[illegible]	[illegible]	[illegible] Freiherr von	Kämmerer	—	—
	[illegible]	[illegible] Graf von	[illegible]	[illegible]	—
—	[illegible]	[illegible]	[illegible] a. D.	—	—
[illegible]	[illegible]	[illegible]	[illegible]	—	—
[illegible]	[illegible]	[illegible]	[illegible]	—	[illegible]
[illegible]	[illegible]	[illegible]	[illegible] a. D.	—	[illegible]
[illegible]	[illegible]	[illegible] Graf von	[illegible] a. D.	—	—
[illegible]	[illegible]	[illegible] Graf von	[illegible]	—	[illegible]
[illegible]	[illegible]	[illegible]	[illegible]	—	—
[illegible]	[illegible]	[illegible]	[illegible]	—	—
[illegible]	[illegible]	[illegible]	—		[illegible]
[illegible]	[illegible]	[illegible]	Major	[illegible]	—
[illegible]	[illegible]	[illegible]	[illegible]	—	[illegible]
[illegible]	[illegible]	[illegible]	—	—	—
[illegible]	[illegible]	[illegible]	[illegible]		[illegible]
[illegible]	[illegible]	[illegible]	[illegible]	[illegible]	—
		[illegible], siehe [illegible]			
[illegible]	[illegible]	[illegible] von	[illegible] a. D.)	—	[illegible]
[illegible]	[illegible]	[illegible] von	[illegible]	—	[illegible]
[illegible]	[illegible]	Taaffe [illegible] Graf von	Kämmerer u. [illegible] a. D.	[illegible]	—
		[illegible], siehe [illegible]			
		[illegible], siehe [illegible]			
[illegible]	[illegible]	[illegible] Graf	Kämmerer	—	—
[illegible]	[illegible]	[illegible] Graf	Kämmerer u. [illegible] a. D.	[illegible]	—
[illegible]	[illegible]	[illegible] von	[illegible]	—	—
[illegible]	[illegible]	[illegible] von	[illegible]	—	[illegible]
		[illegible], siehe [illegible]			
[illegible]	[illegible]	[illegible] Freih. von	[illegible]	—	[illegible]
[illegible]	[illegible]	[illegible]	[illegible]	—	[illegible]
[illegible]	[illegible]	[illegible]	[illegible]	—	—
[illegible]	[illegible]	[illegible] von	Major a. D. [illegible]	—	—
[illegible]	[illegible]	[illegible]	[illegible]	—	—
[illegible]	[illegible]	Thun u. Hohenstein, [illegible] Graf von	[illegible]	[illegible]	—
[illegible]	[illegible]	Thun u. Hohenstein, [illegible] Graf von	Kämmerer [illegible] a. D. [illegible]	—	[illegible]
[illegible]	[illegible]	Thun u. Hohenstein, [illegible] Graf von	[illegible] a. D. [illegible]	—	[illegible]
[illegible]	[illegible]	Thun u. Hohenstein, [illegible] Graf von	[illegible] Kämmerer, [illegible]	—	—
[illegible]	[illegible]	Thun u. Hohenstein, [illegible] Graf von	Kämmerer, [illegible] a. D.	[illegible]	—
[illegible]	[illegible]	Thun u. Hohenstein, [illegible] Graf von	Kämmerer	—	—
[illegible]	[illegible]	Thun u. Hohenstein, [illegible] Graf von	Kämmerer, Major a. D. [illegible]	—	[illegible]
[illegible]	[illegible]	[illegible] Graf von	Kämmerer, Major a. D.	—	[illegible]
[illegible]	[illegible]	[illegible] Graf von	Kämmerer, Major a. D. [illegible]	—	[illegible]
[illegible]	[illegible]	[illegible] Graf von	Kämmerer, [illegible] a. D. [illegible]	—	[illegible]
[illegible]	[illegible]	[illegible] Graf von	—	—	—
[illegible]	[illegible]	[illegible]	[illegible]	—	—
[illegible]	[illegible]	[illegible] von	[illegible] a. D. [illegible]	—	[illegible]

Nr.	Eingetreten am	Name	Charakter	Gestorben am	Ausgetreten am
		des Mitgliedes			
[illegible]	20 XII [illegible]	[illegible] v. [illegible], Robert [illegible]	Dr phil. [illegible]	—	—
[illegible]	9 X [illegible]	[illegible] Frh. v.	Kämmerer u. Oberleutnant a. D ([illegible] a. D)	—	—
[illegible]	2 IV [illegible]	[illegible] Graf	Geh. Rat, Kämmerer, [illegible]	·	—
[illegible]	9 I [illegible]	[illegible]	Dr jur. [illegible]	—	[illegible] VI [illegible]
[illegible]	[illegible]	[illegible] Camillo	Dr jur. [illegible]	—	—
[illegible]	[illegible] XI [illegible]	[illegible], Wilhelm von	[illegible] a. D)	—	—
[illegible]	9 II [illegible]	[illegible]	[illegible]	—	—
16	[illegible] I [illegible]	[illegible] Karl Frh. [illegible]	Kämmerer u. [illegible], Geh. Rat u. [illegible]	—	—
[illegible]	[illegible] I [illegible]	[illegible] von [illegible], Johann Frh.	[illegible] Rat, Kämmerer, F M L [illegible] D [illegible]	[illegible] V [illegible]	—
[illegible]	[illegible] VI [illegible]	[illegible]	[illegible]	—	[illegible]
[illegible]	6 IV [illegible]	Vetter von der Lilie, [illegible] Graf	Kämmerer, Rittmeister a. D [illegible] a. D)	—	[illegible] XII [illegible]
[illegible]	[illegible]	Vetter von der Lilie [illegible] Graf	[illegible]	—	—
[illegible]	[illegible]	Vetter von der Lilie [illegible] Graf	[illegible]	—	—
[illegible]	[illegible] II [illegible]	Villani de Castello Karl Frh. v.	[illegible]	—	[illegible] II [illegible]
[illegible]	[illegible] I [illegible]	Villani de Castello, [illegible] Frh. von	[illegible]	—	[illegible] I [illegible]
[illegible]	[illegible]	[illegible], [illegible] von	Kämmerer u. [illegible] a. D	—	—
		[illegible], siehe [illegible]			
—	Correspond.	[illegible]	[illegible]	—	—
[illegible]	[illegible] V [illegible]	[illegible] Gräfin v. geb. [illegible]	[illegible]	—	[illegible] I [illegible]
—	Gründer	[illegible] Friedrich Frh. von	Kämmerer u. [illegible] a. D	—	—
[illegible]	[illegible] IV [illegible]	[illegible] geb. [illegible] von [illegible]	[illegible]	—	—
[illegible]	[illegible] IX [illegible]	[illegible] Graf von	Kämmerer u. [illegible] a. D ([illegible])		[illegible]
[illegible]	[illegible] IV [illegible]	[illegible] Hugo Graf von	Kämmerer u. Oberleutnant a. D ([illegible] a. D)	—	[illegible]
[illegible]	[illegible]	[illegible] Graf von	[illegible] a. D [illegible]	—	—
[illegible]	[illegible]	[illegible] Graf von	[illegible]	—	—
[illegible]	[illegible]	[illegible] Graf von	[illegible] a. D	[illegible]	—
[illegible]	[illegible] XII [illegible]	[illegible] geb. [illegible]	[illegible] ([illegible] VIII [illegible])	—	[illegible] X [illegible]
[illegible]	[illegible] IV [illegible]	[illegible] Frh. von	Kämmerer u. [illegible] a. D ([illegible])	—	—
[illegible]	[illegible] XII [illegible]	[illegible], Friedrich	[illegible]	[illegible] XI [illegible]	—
[illegible]	[illegible]	[illegible]	[illegible]	—	—
[illegible]	[illegible] VI [illegible]	[illegible]	[illegible]	—	[illegible] VII [illegible]
[illegible]	[illegible] III [illegible]	[illegible] Karl Frh.	[illegible]	—	[illegible] III [illegible]
[illegible]	[illegible] VI [illegible]	[illegible] Frh.	[illegible] a. D)	[illegible]	—
[illegible]	[illegible]	[illegible] Friedrich Edler v.	[illegible]	—	[illegible] II [illegible]
[illegible]	[illegible] VIII [illegible]	[illegible] Edler [illegible]	[illegible]	—	—
[illegible]	[illegible] I [illegible]	[illegible], Wolfgang Graf von	[illegible] a. D	—	—
[illegible]	[illegible] XI [illegible]	[illegible] Frh. von	Dragoner-Rittmeister (F M L)	—	—
	Correspond.	[illegible]	Dr med., [illegible]	—	—

Nr.	[illegible]	Name	Charakter	[illegible]	[illegible]
		des Mitgliedes			
[illegible]	[illegible]	[illegible]	[illegible]	[illegible]	[illegible]

[illegible]

Correspondenten.

* bedeutet gestrichen

Nr.	Ernannt am	Name des Correspondenten	Charakter des Correspondenten	Gestorben am	Ausgetreten am
8	6 XI 1870	[illegible] Franz Alexander *)	Vorstand des k. k. Adelsarchives [illegible]	20 V 1880	—
17	3 X 1880	[illegible] Arthur Maria August	Schriftsteller	—	*10 VI 1882
16	26 VI 1886	[illegible] de [illegible]	Redacteur	—	*16 VI 1890
6	9 I 1869	Bormans, Stanislaus	Conservator am Staatsarchive in Lüttich (Belgien)	—	27 I 1885
10	6 XI 1879	[illegible]	Consul	—	*9 I 1890
19	20 IV 1889	[illegible]	[illegible]	—	—
6	27 VI 1876	[illegible], Alexander von (seit 1881 Freiherr von)	Kön. preuss. Premierlieutenant a. D.	—	—
6	30 I 1874	[illegible], Albert	Official bei k. k. Adelsarchive [illegible]	—	—
13	10 III 1879	[illegible]	[illegible]	—	—
12	20 IX 1881	[illegible], Carl Arvid von	[illegible]	—	—
21	16 XI 1882	[illegible]	[illegible]	—	—
27	13 XI 1886	[illegible], Ernst	[illegible] Maler, Hof-Wappenmaler	—	—
9	20 IX 1877	[illegible] Constantin	Maler und Graveur	1882?	
22	11 XI 1886	[illegible] Theodor von	Dr. phil. [illegible]	—	—
13	10 XI 1880	[illegible]	Dr. jur. [illegible]	—	—
2	4 X 1871	[illegible] Oswald von	Dr. jur., Advocat und Notar [illegible]	—	25 I 1886
27	10 I 1888	[illegible], Johann Theodor de *)	[illegible]	—	—
29	6 XI 1888	[illegible] Karl	Adjunct u. Leiter des k. k. Adelsarchives	—	—
5	4 XII 1872	[illegible], Gustav Adelbert	Redacteur ([illegible])	—	—
3	7 VI 1870	[illegible]	Archivar	—	—
3	4 X 1871	[illegible], Arnold Freih. von	Fürstl. Archivar	—	*31 VI 1883
18	13 IV 1880	[illegible]	Dr. med., [illegible]	—	—

[illegible]

[illegible]

Jahr	[illegible]
[illegible]	[illegible]
Summa	[illegible]

[illegible]

Verzeichnis des Schriftenaustausches

(Die mit *) bezeichneten erhalten nur das Mitteilungsblatt)

Eingetreten im Jahre			Eingestellt
[illegible]	Wien	[illegible]	
[illegible]	"	Verein für Landeskunde von Niederösterreich	
[illegible]	"	[illegible]	[illegible]
[illegible]	"	[illegible]	
[illegible]	"	[illegible]	[illegible]
[illegible]	[illegible]	[illegible]	
[illegible]	Brünn	[illegible]	[illegible]
[illegible]	Bregenz	[illegible] für Vorarlberg	
[illegible]	[illegible]	[illegible]	
[illegible]	Graz	Historischer Verein für Steiermark	
[illegible]	Innsbruck	[illegible] für Tirol und Vorarlberg	
[illegible]	"	[illegible]	
[illegible]	Klagenfurt	[illegible]	
[illegible]	Laibach	[illegible]	[illegible]
[illegible]	Lemberg	[illegible]	[illegible]
[illegible]	Linz	[illegible]	
[illegible]	Prag	[illegible]	
[illegible]	"	Verein für Geschichte der Deutschen in Böhmen	
[illegible]	"	[illegible]	
[illegible]	Salzburg	[illegible]	
[illegible]	"	Verein für Salzburger Landeskunde	
[illegible]	Spalato	[illegible]	
[illegible]	Aachen	[illegible]	
[illegible]	Berlin	[illegible]	
[illegible]	"	[illegible]	
[illegible]	"	Verein für die Geschichte Berlins	
[illegible]	"	[illegible]	
[illegible]	"	[illegible]	
[illegible]	Darmstadt	Historischer Verein für das Großherzogtum Hessen	[illegible]
[illegible]	Frankfurt am Main	[illegible]	
[illegible]	Friedrichshafen	Verein für Geschichte des Bodensees und seiner Umgebung	
[illegible]	Giessen	[illegible]	
[illegible]	Görlitz	[illegible] Gesellschaft der Wissenschaften	
[illegible]	[illegible]	[illegible]	
[illegible]	Hannover	[illegible]	
[illegible]	Karlsruhe	[illegible]	
[illegible]	Leipzig	[illegible]	
[illegible]	"	[illegible]	[illegible]
[illegible]	Meissen	Verein für die Geschichte der Stadt Meissen	
[illegible]	München	Altertums-Verein	
[illegible]	"	Historischer Verein von Oberbayern	
[illegible]	Nürnberg	[illegible]	
[illegible]	"	Verein für die Geschichte der Stadt Nürnberg	
[illegible]	[illegible]	[illegible]	[illegible]
[illegible]	[illegible]	[illegible]	
[illegible]	Regensburg	Historischer Verein für Oberpfalz und Regensburg	
[illegible]	Sigmaringen	Verein für Geschichte und Altertumskunde	
[illegible]	Stuttgart	[illegible]	

[illegible] im Jahre			[illegible]
[illegible]	Ulm	Verein für Kunst und Alterthum in Ulm und Oberschwaben	
[illegible]	Wiesbaden	Verein für nassauische Alterthumskunde u. Geschichtsforschung	
—	—	—	—
[illegible]	Aarau	Historische Gesellschaft des Kantons Aargau	
[illegible]	Genf	[illegible]	
[illegible]	Luzern	Historischer Verein der fünf Orte (Luzern, Uri, Schwyz, Unterwalden und Zug)	
[illegible]	Neuchâtel	Archives héraldiques [illegible]	
[illegible]	Zürich	[illegible] Gesellschaft	
—	—	—	—
[illegible]	Brüssel	Société [illegible] de Bruxelles	
[illegible]	[illegible]	[illegible]	
[illegible]	Haag	De [illegible]	
[illegible]	„	[illegible] „De [illegible] Leeuw“ *)	
[illegible]	[illegible]	[illegible] Tail [illegible] *)	[illegible] eingegangen
[illegible]	Luxemburg	Institut grand-ducal de Luxembourg (Section historique)	
[illegible]	London	The [illegible]	
[illegible]	Kopenhagen	[illegible]	
[illegible]	[illegible]	[illegible] Gesellschaft für Literatur und Kunst ([illegible])	
[illegible]	[illegible]	[illegible] de France	[illegible]
[illegible]	[illegible]	[illegible]	

Abgehaltene Generalversammlungen

Nr	Jahr	Monat	Tag	Tagesordnung	Vortrag gehalten von
	1870	November	8	Constituirende Hauptversammlung	Gruner
I	1871	Mai	30	Bericht über das Jahr 1870/71	—
II.	1872	„	30	„ „ „ „ 1871/72	—
III.	1873	„	30	„ „ „ „ 1872/73	Weber
(a. o.)	1873	December	17	Genehmigung neuer Statuten	—
IV	1874	März	4	Revision der Statuten	Fellenberg
V	1875	December	30	Bericht über das Jahr 1875	Hartmann
VI.	1876	Januar	28	„ „ „ „ 1876	Weissenfluh
VII	1877	März	6	„ „ „ „ 1876	„
VIII.	1878	Januar	30	„ „ „ „ 1877	„
IX	1879	„	23	„ „ „ „ 1878	Gruner
X	1880	Februar	7	„ „ „ „ 1879	Hartmann
XI	1881	Januar	31	„ „ „ „ 1880	—
XII	1882	„	7	„ „ „ „ 1881	Gruner
XIII.	1883	April	3	Genehmigung neuer Statuten	—
XIV	1884	Februar	22	Bericht über das Jahr 1883	[illegible]
XV	1885	Januar	27	„ „ „ „ 1884	Gruner
XVI	1886	„	8	„ „ „ „ 1885	[illegible]
XVII	1887	Februar	5	„ „ „ „ 1886	Fellenberg
XVIII	1888	März	5	Revision der Statuten	Klaye
XIX	1889	Januar	4	Bericht über das Jahr 1888	Gruner
XX *)	1890	Februar	5	„ „ „ „ 1889	Klaye
XXI	1891	„	7	Neuwahlen	Wittig
XXII.	1892	„	27	Genehmigung neuer Statuten	—
XXIII.	1893	Januar	28	Bericht über das Jahr 1892	Wittig
XXIV	1894	„	30	„ „ „ „ 1893	—
(a. o.)	1894	März	24	Wahl des Ehrenpräsidenten	—
XXV	1895	Februar	4	Bericht über das Jahr 1894	Weidenhöfer

*) Zum erstenmale in diesem Lokale

Abgehaltene Monatsversammlungen

Jahr	Monat	Tag			Vortrag gehalten von
[illegible]	November	9	1	Monatsversammlung	[illegible]
	Dezember	14	2	"	"
[illegible]	Jänner	19	3	"	Hartmann
	Februar	12	4	"	Pettenegg
	April	10	5	"	[illegible]
	Oktober	25	6	"	Pettenegg
	November	22	7	"	Kudrnofsky
[illegible]	Jänner	25	[illegible]	"	Pettenegg
	Februar	20	9	"	"
	März	27	[illegible]	"	[illegible]
	November	20	11	"	"
[illegible]	Februar	[illegible]	[illegible]	"	[illegible]
	März	[illegible]	[illegible]	"	[illegible]
	November		[illegible]	Entwurf der neuen Statuten	—
[illegible]	Jänner	[illegible]	[illegible]	Monatsversammlung	[illegible]
	April	1	[illegible]	"	Pettenegg
	Dezember	[illegible]	17	"	"
[illegible]	März	[illegible]	[illegible]	"	Kudrnofsky
[illegible]	November	[illegible]	19	"	[illegible]
	April	[illegible]	[illegible]	[illegible]	[illegible]
				Im März [illegible] wurden die Monatsversammlungen wieder ins Leben gerufen	
[illegible]	März	7	21	Monatsversammlung	—
	April	4	[illegible]	"	[illegible]
	Mai	2	[illegible]	"	[illegible]
	Juni	6	[illegible]	"	—
	Oktober	2	[illegible]	"	
	November	7	[illegible]	"	—
	Dezember	[illegible]	[illegible]	"	Pettenegg u. [illegible]
[illegible]	Jänner	[illegible]	[illegible]	"	—
	März	[illegible]	[illegible]	"	[illegible]
	April	[illegible]	[illegible]	"	[illegible] u. [illegible]
	"	[illegible]		Festbankett [illegible]	—

Verzeichnis [illegible] gehaltenen Vorträge

A = [illegible] G = [illegible] M = [illegible]

[illegible], Leopold von
[illegible] (A 14 October [illegible])

Bergmann [illegible]
[illegible] (A 10 October [illegible])

[illegible] Alfred
[illegible]
[illegible]
[illegible]
[illegible]
[illegible]
[illegible]
[illegible]
[illegible]
[illegible]
[illegible]

[illegible]
[illegible]
[illegible]
[illegible]

Ilg Dr Albert
[illegible]

[illegible], Karl
[illegible]

[illegible]
[illegible]

[illegible]
[illegible]

[illegible], Josef L.
[illegible]
[illegible]
[illegible]

Krahl, Ernst
[illegible]
[illegible]
[illegible]

[illegible]
[illegible]
[illegible]
[illegible]

Pöttickh von Pettenegg, Dr. Eduard Gaston Freiherr (Graf)

Das Wappenbuch der Christophorus-Bruderschaft auf dem Arlberge (M. [illegible] Februar [illegible])

Geschichtliche Stellung des Adels (M. [illegible] October [illegible], M. 22. November [illegible], M. 25 Jänner [illegible], M. [illegible] Februar [illegible])

Zur Sphragistik von Tirol (G. 4 März [illegible], M. [illegible] April [illegible], M. 8. November [illegible])

[illegible] (G. [illegible] Februar [illegible])

Bericht über die [illegible] des „Herold" in Berlin (M. 15. December [illegible])

Sommaruga, [illegible] Freiherr von

Die [illegible] auf [illegible] Erde (M. [illegible] April [illegible])

Weittenhiller, Moriz Maria Ritter von

Über den Adel Tirols (M. 10 Februar [illegible])

[illegible] (M. [illegible] Februar [illegible])

[illegible] (M. [illegible] Jänner [illegible])

[illegible] (G. [illegible] März [illegible])

[illegible] (G. [illegible] Jänner [illegible])

Über [illegible] (G. [illegible] Februar [illegible])

Weber, Franz Xaver

Burg Aggstein an der Donau (G. [illegible] Mai [illegible])

W[illegible], Dr. Johann Baptist

[illegible] (G. 7 Februar [illegible])

[illegible] (G. [illegible] Jänner [illegible])

Verzeichnis der verliehenen Anerkennungsdiplome

[illegible] November [illegible]

1 Hornbo[illegible] Otto Maria Ritter von, Stiftung für [illegible] [illegible] [illegible]

2 [illegible] Viktor, Mitglied, für sein [illegible] [illegible] „[illegible], [illegible]"

3 [illegible] Dr Johann Baptist, Mitglied [illegible] [illegible], für eine [illegible] [illegible] [illegible] von [illegible]

4 Du Chastel de la Howarderie Paul Armand Graf, Ehrenmitglied, für sein [illegible] Werk „[illegible] [illegible] [illegible]"

[illegible] November [illegible]

5 [illegible] von [illegible] Dr Eduard Gaston Graf und Freiherr von, [illegible] [illegible] [illegible] [illegible] und [illegible], für die Schenkung der [illegible] [illegible]

[illegible] Februar [illegible]

6 Weittenhiller Moriz Maria Ritter von, Vorstandsmitglied, aus Anlass seines [illegible], in Anerkennung seiner [illegible] [illegible] Thätigkeit im Vereine, speziell als Redacteur des Monatsblattes

7 [illegible] Paul Ritter von, Vorstandsmitglied, aus Anlass seines [illegible], in Anerkennung seiner erfolgreichen [illegible] Thätigkeit als [illegible]

[illegible] November [illegible]

8 [illegible] Marie, geborene von [illegible] [illegible], Witwe des [illegible] Josef Maria [illegible], für die Schenkung des [illegible] und [illegible] Nachlasses ihres Gatten

Subventionen und Ehrengaben

([illegible])

	[illegible]	[illegible]	[illegible]	[illegible]
	[illegible]	[illegible]	[illegible]	[illegible]
[illegible]	[illegible]	[illegible]	[illegible]	[illegible]
[illegible]	[illegible]	—	—	[illegible]
[illegible]	—	[illegible]		[illegible]
[illegible]	[illegible]	[illegible]	—	[illegible]
[illegible]	[illegible]	[illegible]	[illegible]	[illegible]
[illegible]	[illegible]	—	—	[illegible]
[illegible]	[illegible]	[illegible]	—	[illegible]
[illegible]	[illegible]	—	[illegible]	[illegible]
[illegible]	—	[illegible]	—	[illegible]
[illegible]	[illegible]	—	—	[illegible]
[illegible]	—	[illegible]	[illegible]	[illegible]
[illegible]	[illegible]	[illegible]	[illegible]	[illegible]
[illegible]	—	—	[illegible]	[illegible]
[illegible]	—	[illegible]	—	[illegible]
Übertrag	[illegible]	[illegible]	[illegible]	[illegible]

	[illegible] Spenden	[illegible] Spenden	Für die Ausstellung [illegible]	Zusammen
	1	[illegible]	[illegible]	[illegible]
Übertrag	[illegible]	[illegible]	[illegible]	[illegible]
Friedrich Freiherr von [illegible] [illegible] Ausstellungsbeitrag [illegible]	—	[illegible]	[illegible]	[illegible]
[illegible] Eduard Freiherr von [illegible]	—	[illegible]	-	10
[illegible] Karl [illegible]		—	[illegible]	[illegible]
[illegible] Graf von [illegible]	—	[illegible]	—	[illegible]
[illegible] Ausstellungsbeitrag [illegible]	—	[illegible]	[illegible]	[illegible]
Johann [illegible] von [illegible]	—		[illegible]	10
Constantin Graf von [illegible]		-	[illegible]	10
Karl Freiherr von [illegible]	-	—	[illegible]	16
[illegible] Abt zu den Schotten	—	—	[illegible]	[illegible]
[illegible] Graf [illegible] von [illegible]	—	-	[illegible]	[illegible]
Peter [illegible]	—		[illegible]	10
[illegible] Freiherr [illegible] von [illegible]	—		[illegible]	[illegible]
Karl [illegible] von [illegible]	—		[illegible]	[illegible]
[illegible] von [illegible]	—	[illegible]	—	—
Wilhelm Freiherr [illegible] von [illegible]		—	[illegible]	[illegible]
Sigmund Freiherr von [illegible]	—	—	[illegible]	[illegible]
Johann Adolf Fürst von und zu Schwarzenberg	—	—	[illegible]	[illegible]
[illegible] Freiherr von [illegible]	—	—	[illegible]	[illegible]
[illegible] Graf [illegible] und Ausstellungsbeitrag [illegible]	—	[illegible]	[illegible]	[illegible]
[illegible]	—	—	[illegible]	[illegible]
Summe	[illegible]	[illegible]	[illegible]	[illegible]

[illegible]		[illegible]		[illegible]	
[illegible]	[illegible]	[illegible]	[illegible]	[illegible]	[illegible]
—	—	—	—	[illegible]	[illegible]
—	—	[illegible]	[illegible]	[illegible]	[illegible]
	—	[illegible]	[illegible]	[illegible]	[illegible]
	—	[illegible]	[illegible]	[illegible]	[illegible]
—	—	[illegible]	[illegible]	[illegible]	[illegible]
	—	[illegible]	[illegible]	[illegible]	[illegible]
	—	[illegible]	[illegible]	[illegible]	[illegible]
	—	[illegible]	[illegible]	[illegible]	[illegible]
—	—	—	—	[illegible]	[illegible]
—	—	[illegible]	[illegible]	[illegible]	[illegible]
	—	7	[illegible]	[illegible]	[illegible]
—	—	[illegible]	[illegible]	[illegible]	[illegible]
—	—	[illegible]	[illegible]	[illegible]	[illegible]
[illegible]	—	[illegible]	[illegible]	[illegible]	[illegible]
	—	[illegible]	[illegible]	[illegible]	[illegible]
[illegible]	—	[illegible]	[illegible]	[illegible]	[illegible]
—		[illegible]	[illegible]	[illegible]	[illegible]
—		[illegible]	[illegible]	[illegible]	[illegible]
—		[illegible]	[illegible]	[illegible]	[illegible]
—	—	[illegible]	[illegible]	[illegible]	[illegible]
—	—	[illegible]	[illegible]	[illegible]	[illegible]
[illegible]	—	[illegible]	[illegible]	[illegible]	[illegible]
[illegible]	—	[illegible]	[illegible]	[illegible]	[illegible]
—	—	[illegible]	[illegible]	[illegible]	[illegible]
[illegible]	—	[illegible]	[illegible]	[illegible]	[illegible]
[illegible]	—	—	—	[illegible]	[illegible]

…–1894.

[illegible]		[illegible]		[illegible]		[illegible]		[illegible]		[illegible]		[illegible]		[illegible]	
	kr	fl.	kr	fl.	kr	fl.	kr	fl.	kr	fl.	kr	fl.	kr	fl.	kr
[illegible]	[illegible]	[illegible]	—	[illegible]	—	—	—	—	[illegible]	[illegible]	—	[illegible]	[illegible]	[illegible]	[illegible]
[illegible]	[illegible]	[illegible]	—	[illegible]	—	[illegible]	[illegible]	—	—	—	—	[illegible]	[illegible]	[illegible]	[illegible]
[illegible]	[illegible]	[illegible]	[illegible]	[illegible]	[illegible]	—	—	—	—	—	—	[illegible]	[illegible]	[illegible]	[illegible]
[illegible]	[illegible]	[illegible]	—	[illegible]	—	—	—	—	—	—	—	[illegible]	[illegible]	[illegible]	[illegible]
[illegible]	[illegible]	[illegible]	—	[illegible]	—	—	—	—	—	—	—	[illegible]	[illegible]	[illegible]	[illegible]
[illegible]	[illegible]	[illegible]	—	[illegible]	[illegible]	[illegible]	[illegible]	—	—	—	—	—	—	[illegible]	[illegible]
[illegible]	[illegible]	[illegible]	—	[illegible]	—	—	—	—	—	—	—	—	—	[illegible]	[illegible]
[illegible]	[illegible]	—	—	[illegible]	—	[illegible]	—	[illegible]	—	—	—	[illegible]	[illegible]	[illegible]	[illegible]
[illegible]	[illegible]	[illegible]	[illegible]	[illegible]	—	—	—	[illegible]	[illegible]	[illegible]	[illegible]	[illegible]	[illegible]	[illegible]	[illegible]
[illegible]	[illegible]	—	—	[illegible]	—	—	—	—	—	—	—	[illegible]	[illegible]	[illegible]	[illegible]
[illegible]	[illegible]	—	—	[illegible]	—	—	—	—	—	[illegible]	—	[illegible]	[illegible]	[illegible]	[illegible]
[illegible]	[illegible]	—	—	[illegible]	—	—	[illegible]	[illegible]	—	—	—	[illegible]	[illegible]	[illegible]	[illegible]
[illegible]	[illegible]	—	—	[illegible]	—	—	—	[illegible]	[illegible]	—	—	[illegible]	[illegible]	[illegible]	[illegible]
[illegible]	[illegible]	—	—	[illegible]	—	[illegible]	[illegible]	—	[illegible]	[illegible]	[illegible]	[illegible]	[illegible]	[illegible]	[illegible]
[illegible]	[illegible]	—	—	[illegible]	—	[illegible]	—	[illegible]	—	—	—	[illegible]	[illegible]	[illegible]	[illegible]
[illegible]	[illegible]	—	—	[illegible]	—	—	[illegible]	—	—	—	[illegible]	[illegible]	[illegible]	[illegible]	[illegible]
[illegible]	[illegible]	—	—	[illegible]	[illegible]	—	—	[illegible]	[illegible]	—	[illegible]	[illegible]	[illegible]	[illegible]	[illegible]
[illegible]	[illegible]	—	—	[illegible]	—	[illegible]	—	—	—	—	—	[illegible]	[illegible]	[illegible]	[illegible]
[illegible]	[illegible]	—	—	[illegible]	—	—	—	[illegible]	—	—	—	[illegible]	[illegible]	[illegible]	[illegible]
[illegible]	[illegible]	—	—	[illegible]	—	—	[illegible]	—	—	[illegible]	[illegible]	[illegible]	[illegible]	[illegible]	[illegible]
[illegible]	[illegible]	—	[illegible]	[illegible]	—	—	—	—	—	—	—	[illegible]	[illegible]	[illegible]	[illegible]
[illegible]	[illegible]	—	—	[illegible]	—	—	—	—	—	—	[illegible]	[illegible]	[illegible]	[illegible]	[illegible]
[illegible]	[illegible]	[illegible]	[illegible]	[illegible]	—	—	—	—	—	—	—	[illegible]	[illegible]	[illegible]	[illegible]
[illegible]	[illegible]	—	[illegible]	[illegible]	[illegible]	—	—	—	—	—	—	[illegible]	[illegible]	[illegible]	[illegible]
[illegible]	[illegible]	—	—	[illegible]	—	—	—	—	—	—	—	[illegible]	[illegible]	[illegible]	[illegible]
[illegible]	[illegible]	[illegible]	[illegible]	[illegible]	[illegible]	[illegible]	[illegible]	[illegible]	[illegible]	[illegible]	[illegible]	[illegible]	[illegible]	[illegible]	[illegible]